Schattenherz
„Das Herz trägt Narben"
by Letizia Jolie Nicola

Trigger Warnung!

An alle, die jemals das Gefühl hatten, nicht genug zu sein.

© 2025 Letizia Jolie Nicola
Verlag: BoD · Books on Demand GmbH, Überseering 33,
22297 Hamburg, bod@bod.de
Druck: Libri Plureos GmbH, Friedensallee 273,
22763 Hamburg
ISBN: 978-3-8192-4470-4

Kurze Widmung

Für meine Familie - und vor allem für meine starke Mama.

Mama, du hast gekämpft, stärker als jeder Mensch, den ich kenne. *Du hast nicht nur für dich, sondern vor allem für mich durchgehalten.* Trotz all der Schmerzen, der Erschöpfung und der Angst hast du mir immer Liebe, Hoffnung und Geborgenheit geschenkt.
Ich kann niemals in Worte fassen, wie sehr ich dich liebe und bewundere. Danke, dass du so lange geblieben bist, dass du mich mit deiner Liebe getragen hast. Und an meine Familie - ihr seid mein Halt, mein Zuhause, mein Licht. Diese Widmung ist *für euch, für die Liebe, die niemals vergeht.*

...lass die Vergangenheit frei, damit du das Licht für dich selber sein kannst, sei die Liebe, die du verdient hast...

Willkommen meine Lieben,

ich hoffe ihr findet euch in meinen Seiten wieder,... vielleicht könnt ihr es verstehen weil euch gewisse Dinge ebenso widerfahren sind, vielleicht findet ihr aber auch einfach Akzeptanz in den Worten, die ich euch gebe!

Ich hoffe, ihr seid bereit auch ein sehr emotionales Buch zu lesen, ein Buch, das aus Narben, Schmerz und Angst entstanden ist!

Manche von euch kann & wird, dass ganze emotional aufwühlen und ich bin verpflichtet, an dieser Stelle euch eine Trigger Warnung zu geben! Das Buch basiert auf wahren Begebenheiten!

Es kommen sehr einblicksreiche Details vor! Die teilweise sehr, sehr tiefgründig sind!

Daher vorweg noch eine kleine Poesie von mir, für euch...

in Liebe,
Letizia

Poesie by Letizia Jolie Nicola:

Wenn die Welt zu laut wird, wenn Gedanken
stürmen wie wilder Regen, wenn Stimmen
schreien und Blicke stechen,
dann flüchte ich.
Zwischen den Zeilen finde ich Zuflucht, in
Buchstaben, die mich umarmen, in
Geschichten, die mich verstehen, selbst wenn
niemand sonst es tut.
Hier gibt es keine Blicke, die urteilen, keine
Worte, die verletzen, keine Angst, die mich
lähmt.
Nur Seiten voller Welten, die mich tragen,
Sätze, die wie sanfte Wellen meine Seele
beruhigen.
Ich verliere mich - und finde mich zugleich.
Tauche in Seiten ein, die mir sagen:
Du bist nicht allein.
*Denn irgendwo, zwischen Tinte und Papier,
gibt es ein Zuhause für die, die in der echten
Welt keinen Platz finden.*

Über die Autorin:

Letizia Jolie Nicola wurde 2003 in Kassel geboren und wuchs in einer ländlichen Umgebung unter liebevollen, aber nicht immer einfachen Umständen auf. Schon früh entwickelte sie eine Leidenschaft für Bücher und Geschichten, die ihr Zuflucht und Trost boten. Doch neben schönen Momenten begleiteten sie auch dunkle Schatten durchs Leben - Mobbing, Missbrauch und psychische Erkrankungen prägten ihr Leben und führten zu Ängsten, mit denen sie lange kämpfte.

Bereits im Teenageralter begann Letizia zu schreiben, zunächst nur für sich selbst - kurze Texte, Gedanken, Gefühle, die sie nirgendwo sonst unterbringen konnte. Erst mit Ende 20 wagte sie sich an ihr erstes Buch, das sie mit 21 Jahren veröffentlichte. Es war ein Ratgeber mit dem Titel „*Im Sturm der Stille - Leben zwischen den Atemzügen*"
Ihr Werk „*Schattenherz*" ist nicht nur eine literarische Reise, sondern ihre eigene Geschichte - ehrlich, tiefgründig und voller Emotionen.
Mit jedem neuen Buch gibt Letizia ihren Gedanken eine Stimme und zeigt, dass selbst in den dunkelsten Zeiten Worte ein Licht sein können.
Durch ihr Schreiben verarbeitet Letizia Jolie Nicola nicht nur ihre eigenen Erlebnisse, sondern möchte auch anderen Menschen Mut machen, die Ähnliches durchlebt haben.
Ihre Geschichten sind geprägt von Ehrlichkeit, Tiefe und der Suche nach Heilung - sie erzählen von Schmerz, aber auch von Hoffnung und der Stärke, die in jedem Neuanfang liegt.

Mit „*Schattenherz*" hat sie nicht nur ein Buch veröffentlicht, sondern ihrer eigene Seele offengelegt. Ihre Worte sollen berühren, aufrütteln und zeigen, dass man trotz dunkler Kapitel im Leben weiterschreiben kann. Heute arbeitet Letizia als Autorin und Content Creatorin an weiteren Projekten und setzt sich dafür ein, psychische Erkrankungen, Trauma und Selbstfindung in der Literatur und in Medien sichtbar zu machen. Bereits durch die Medien folgen ihr im Februar 2025 13.881 Menschen!
Sie glaubt daran, dass jede Geschichte - so schwer sie auch sein mag - es wert ist, erzählt zu werden.
„*Meine Worte gehören denen, die im Dunkeln wandeln - denen, die schreien, aber nicht gehört werden, die fallen, aber immer wieder aufstehen. Ihr seid nicht allein.*"
Ihre Bücher sind mehr als Erzählungen - sie sind ein Echo derer, die oft ungehört bleiben.

🎧 Playlist - Letizia 🎧

Die Playlist ist mit normalen Liedern, wenn ihr
beim lesen lieber nur Melodien hören möchtet
dann schaut gerne mal bei YouTube Melodien rein!

1. Ordinary - Alex Warren
2. Indigo - Sam Barber
3. Don't Dream It's Over- Crowded House
4. Fór - Hildur Guðnadóttir
5. Mad World - Dennis Lloyd
6. Time - Hans Zimmer
7. Bring Me to Life - Evanescence
8. Dirty Thoughts - Chloe Adams
9. Panic Room - Au/Ra
10. Morally Grey - April Jai
11. Another Love - Tom Odell
12. Sweater Weather - The Neighbourhood
13. Line Without a Hook - Ricky Montgomery
14. Heather - Conan Gray
15. Back to Black - Amy Winehouse
16. Power Over Me - Dermot Kennedy
17. see you later - Jenna Raine
18. Just A Dream - Nelly
19. Mirrors - Justin Timberlake
20. Without Me - Halsey

Kapitel 1:
Gefangen in mir:
„Jolie - Die perfekte unperfekte Sicht!"

Jolie war von Anfang an anders. Nicht auf eine Weise, die sofort ins Auge fiel, sondern auf eine leise, unsichtbare Art. Schon im Kindergarten war sie das Mädchen, das lieber am Rand des Spielplatzes saß und Steine sortierte, während die anderen Kinder lachend Fangen spielten. Nicht, weil sie nicht wollte... sie wusste nur nicht, wie sie sich in das Spiel einfügen sollte.

Ihre Versuche, sich einer Gruppe anzuschließen, endeten oft in einem unbehaglichen Schweigen oder in kurzen, schmerzhaften Momenten der Ablehnung. *„Du kannst nicht mitspielen, wir sind schon genug"*, sagten die anderen Kinder. Manchmal wurde sie einfach ignoriert. Doch Jolie verstand schon früh mehr, als sie sollte. Während andere Kinder unbedacht lachten, fragte sie sich, warum sie sich oft so fremd fühlte, selbst unter Gleichaltrigen. Sie spürte, wenn jemand nur aus Höflichkeit mit ihr sprach oder wenn Blicke ihr sagten, dass sie nicht dazugehörte. Und obwohl ihre Eltern und ihr Zuhause all die Liebe und Geborgenheit gaben, die ein Kind sich wünschen konnte, hinterließ die Kälte draußen ihre Spuren. Als Jolie in die Grundschule kam, wurde es schlimmer. Anfangs war sie nur die Ruhige, die Schüchterne, die, die nicht wusste, was sie in den Pausen tun sollte. Doch irgendwann wurde ihr Schweigen als Schwäche gesehen. Es begann mit kleinen Dingen... tuschelnde Kinder, die verstummten, wenn sie vorbeiging, verstohlene Blicke, wenn sie sich im Unterricht meldete.

Dann wurde es deutlicher. *„Warum redest du nie? Bist du dumm?"* *„Die ist so komisch."* *„Kein Wunder, dass keiner mit ihr spielen will."* Jolie versuchte sich nichts anmerken zu lassen, aber die Worte fraßen sich in ihr fest. In den Pausen saß sie allein auf der Bank und zeichnete Figuren in den Sand, während die anderen spielten. Manchmal lief eine Lehrerin vorbei und fragte, ob alles in Ordnung sei. Sie nickte nur, weil sie keine Worte fand, um zu erklären, wie es sich anfühlte, Tag für Tag ausgeschlossen zu werden. Doch das Schlimmste waren die Momente, in denen sie nach Hause kam und ihre Eltern sie mit offenen Armen empfingen, ihr liebevoll durchs Haar strichen und fragten, wie ihr Tag war.

Sie wollte ihnen nichts erzählen. Wollte nicht, dass ihre Mutter oder ihr Vater traurig wurden. Also lächelte sie und sagte, es sei alles gut. Aber tief in ihr wuchs etwas... eine Unsicherheit, die sie nicht loswurde. Ein Gefühl, dass mit ihr etwas nicht stimmte. Denn wenn sie normal wäre, dann würden die anderen sie doch mögen, oder nicht? Aber gehen wir noch mal ein paar Monate zurück... bevor Jolie in die erste Klasse kam, unternahm sie eine Mutter-Kind Kur, die Jolie wohl nie vergessen wird!

Die Sonne strahlte warm auf den Spielplatz, der mit feinem Sand bedeckt war.

Kinder lachten, rannten umher und spielten in kleinen Gruppen. Doch abseits von ihnen, etwas versteckt in einer Ecke des Spielplatzes, saß Jolie alleine im Sand. Sie grub mit ihren kleinen Fingern Muster in den Boden und baute kleine Sandfiguren.

Sie mochte es, für sich zu sein. Es war nicht so, dass sie keine anderen Kinder mochte - aber oft fühlte sie sich unwohl in großen Gruppen. Sie spielte lieber ruhig, in ihrer eigenen kleinen Welt.

Doch das schien die anderen Kinder zu stören. Sie beobachteten sie immer wieder, lachten manchmal leise und flüsterten etwas, das Jolie nicht verstand. Und dann, ohne Vorwarnung, flog plötzlich eine Handvoll Sand in ihr Gesicht.

Sie zuckte zusammen, blinzelte heftig und rieb sich über die Augen. Der feine Sand brannte, und ein paar Körner hatten sich in ihrem Mund verirrt. Sie spuckte aus, versuchte, ruhig zu bleiben.

„*Warum spielt sie immer alleine?*" höhnte eines der Mädchen, das in einer Gruppe stand und sie ansah.

Jolie senkte den Kopf und sagte nichts.

Es war nicht das erste Mal, dass sie sich ausgeschlossen fühlte. Doch dann geschah etwas Unerwartetes.

Ein Junge mit dunklen Locken und einem freundlichen Lächeln kam auf sie zu. Alle mochten ihn, er war immer von anderen Kindern umgeben. Und doch stand er jetzt vor ihr.

„Hey", sagte er freundlich. „*Kann ich mit dir spielen?*"

Jolie sah ihn überrascht an. Sie wusste nicht, was sie sagen sollte. Die anderen Kinder schauten neugierig zu ihnen herüber.

16

Sie spürte ihre Blicke auf sich, als ob sie darauf warteten, dass sie ihn wegschickte. Doch das tat sie nicht.

Stattdessen nickte sie langsam und sagte leise: „*Ja, gerne.*"

Ein Lächeln huschte über sein Gesicht, und er setzte sich neben sie in den Sand.

Gemeinsam begannen sie, Türme und Figuren zu bauen.

„*Was soll das werden?*" fragte er, während er mit seinen Händen einen kleinen Hügel formte.

Jolie betrachtete ihr Werk nachdenklich.

„*Vielleicht ein Schloss*", sagte sie. „*Oder eine geheime Insel.*"

Der Junge grinste. „*Eine Insel ist cool! Vielleicht gibt es hier einen Schatz?*"

Jolie nickte begeistert. „*Ja! Wir könnten eine Schatzkiste eingraben und sie später wieder ausbuddeln!*"

Sie lachten, spielten weiter und verloren sich in ihrem Spiel. Es fühlte sich für Jolie so schön an, nicht allein zu sein, jemanden zu haben, der wirklich mit ihr spielte.

Nach einer Weile sprangen sie auf und beschlossen, Fangen zu spielen. Sie rannten durch den Sand, sprangen über kleine Hügel und kreischten vor Freude.

Der Sand wirbelte um sie herum, als sie sich jagten.

Doch am Rand des Spielplatzes standen zwei kleine Mädchen. Sie sahen nicht glücklich aus. Eines von ihnen hatte die Arme verschränkt und funkelte Jolie wütend an. Jolie spürte ihren Blick, versuchte ihn aber zu ignorieren. Sie wusste nicht genau, warum das Mädchen so schaute, aber es machte ihr ein mulmiges Gefühl.

Nach einer Weile verschwanden die beiden Mädchen, und Jolie fühlte sich erleichtert.

Doch das Gefühl hielt nicht lange an.

Als sie wieder im Sand saßen und weiter an ihrer kleinen Insel bauten, spürte Jolie plötzlich eine unheimliche Stille hinter sich.

Ein kalter Schauer lief ihr über den Rücken. Langsam drehte sie sich um - und in diesem Moment traf sie eine große Ladung Sand mitten ins Gesicht.

Sie keuchte erschrocken, blinzelte wild, doch bevor sie sich wehren konnte, kam die nächste Welle Sand.

„Hey!" rief der Junge aufgebracht. „Lasst das!"

Doch die Mädchen kicherten nur. Nun standen nicht mehr nur die beiden kleinen Mädchen dort, sondern drei ältere Mädchen waren dazugekommen. Sie blickten Jolie verächtlich an.

„Warum spielst du überhaupt mit ihr?" fragte eines der älteren Mädchen spöttisch, es war die ältere Schwester des kleinen Mädchens! Jolie wollte antworten, aber ihr Mund war voller Sand. Sie hustete, versuchte zu schlucken, doch es fühlte sich an, als wäre sie von Sand umhüllt. Sie war überall voll damit - in ihren Haaren, auf ihrer Kleidung, in ihren Schuhen. Ihre Augen brannten. Panisch sprang sie auf und rannte los. Sie hörte das Lachen der Mädchen hinter sich, aber sie wollte nur noch weg.

Sie rannte durch den Sand, vorbei an den anderen Kindern, die sich nicht einmal umdrehten, und direkt zu ihrer Mutter, die mit anderen Müttern vor dem Spielplatz stand. Ihr Herz pochte wild, und Tränen brannten in ihren Augen.

Doch als sie ihre Mutter erreichte, merkte sie, dass niemand etwas mitbekommen hatte. Der Spielplatz war von Büschen umgeben, die Erwachsenen konnten nicht sehen, was passiert war.

Jolie stand keuchend vor ihrer Mutter, ihre kleinen Hände zitterten, während sie versuchte, sich den Sand aus dem Gesicht zu wischen. Ihr Herz pochte heftig, und ihr Atem ging schnell. Ihre Mutter, die gerade noch mit den anderen Müttern gesprochen hatte, bemerkte sofort, dass etwas nicht stimmte.

„Jolie, mein Schatz! Was ist denn passiert?" fragte sie besorgt und ging in die Hocke, um ihrer Tochter ins Gesicht zu schauen.

Jolie rang nach Luft. „S-sie... sie haben... Sand.." Sie spuckte ein paar Sandkörner aus und versuchte, sich zu sammeln. „Sie haben mich beworfen... ganz viel Sand... ich konnte nicht... ich konnte nichts sehen!"

Ihre Mutter sah sie erschrocken an. „Wer hat das getan?"

Doch bevor Jolie antworten konnte, tauchten die Mädchen vom Spielplatz auf.

Die beiden jüngeren und die drei älteren Mädchen liefen lachend herüber, doch als sie die strengen Blicke der Erwachsenen sahen, verstummten sie sofort.

Eine andere Mutter hatte ebenfalls mitbekommen, dass etwas nicht stimmte.

„Moment mal... was habt ihr da gerade mit Jolie gemacht?" fragte sie streng.

Die Mädchen schauten sich unsicher an, doch eine der Älteren versuchte, unschuldig zu wirken. „Wir... wir haben doch nur gespielt!"

Doch Jolies Mutter verschränkte die Arme.

„Das nennt ihr Spielen? Jolie ist völlig eingeschüchtert und voller Sand! Ihr habt sie gezielt beworfen, oder nicht?"

Weitere Mütter mischten sich ein. „Das geht gar nicht! Ihr seid doch schon älter, warum tut ihr so etwas einem kleineren Kind an?"

Die Mädchen senkten die Blicke. Eine der jüngeren schluckte nervös und trat von einem Fuß auf den anderen. „Es war doch nur ein Spaß..." murmelte sie.

„Ein Spaß?!" Eine der Mütter schüttelte fassungslos den Kopf.

„Wenn ich höre, dass so etwas noch einmal passiert, werde ich mit euren Eltern sprechen! So geht man nicht mit anderen um."

Jolie stand neben ihrer Mutter, immer noch voller Sand, immer noch mit einem Kloß im Hals. Sie wollte nicht mehr hier sein. Sie wollte einfach nur weg.

„Mama... können wir nach Hause gehen?" fragte sie leise.

Ihre Mutter sah sie liebevoll an und strich ihr eine sandige Haarsträhne aus dem Gesicht. „Natürlich, mein Schatz. Komm, wir gehen erstmal ins Zimmer."

Sie nahm Jolies Hand, und gemeinsam verließen sie den Spielplatz. Jolie war erleichtert, dass die Erwachsenen endlich gesehen hatten, was passiert war. Doch gleichzeitig fühlte sie sich erschöpft, müde und traurig.

Als sie zum Zimmer gingen, drückte ihre Mutter ihre Hand ein wenig fester. „Du weißt, dass du mir immer alles erzählen kannst, oder? Ich werde dich immer beschützen."

Jolie nickte langsam. Sie fühlte sich sicher an der Hand ihrer Mama.
Aber heute hatte sie genug vom Spielplatz.
Sie wollte nur noch nach Hause was im Moment leider nur das
Kurzimmer war...

Omas Perücke

Jolie war fünf Jahre alt, als sie zum ersten Mal bewusst wahrnahm, dass mit ihrer Oma etwas anders war. Ihre Erinnerungen an diese Zeit waren verschwommen, wie ein Traum, der langsam verblasste, doch es gab einen Moment, den sie niemals vergessen würde.

Es war eine Familienfeier, alle waren zusammengekommen. Stimmen und Gelächter füllten den Raum, Erwachsene unterhielten sich. Überall duftete es nach warmem Essen, nach Kuchen und Gewürzen. Es war ein schöner Tag, aber irgendetwas lag in der Luft - etwas, das Jolie als Kind nicht ganz greifen konnte. Ihre Oma war da, wie immer lächelnd, liebevoll, mit ihren warmen Armen, in denen man sich so geborgen fühlte. Aber da war etwas anders. Sie trug eine Perücke.

Eine, die so natürlich aussah, dass viele es vielleicht nicht einmal bemerkten. Doch Jolie hatte es gesehen. Vielleicht war es die Art, wie die Haare fielen, oder wie Oma manchmal kurz daran zupfte, um sie zurechtzurücken. Als Kind dachte sie nicht viel darüber nach. Es war einfach so.

Doch dann kam dieser Moment.

„Jolie, komm mal mit", sagte Oma plötzlich leise und legte sanft eine Hand auf ihre Schulter. Ihr älterer Cousin stand neben ihnen, und sie sah auch ihn an. „Komm du auch mit, ja? Ich möchte euch etwas zeigen."

Jolie blinzelte überrascht. Sie schaute zu ihrem Cousin, der nur mit den Schultern zuckte. Dann folgten sie ihrer Oma den Flur entlang in das Badezimmer.

Die Tür fiel leise hinter ihnen ins Schloss, und für einen Moment war es still. Jolie sah zu ihrer Oma hoch. Sie stand vor dem Spiegel, betrachtete sich selbst. Dann griff sie mit ruhiger Hand an den Rand ihrer Perücke. „Passt mal auf", sagte sie sanft.

Und dann nahm sie die Perücke ab.

Jolie hielt den Atem an.

Omas Kopf war nicht ganz kahl, wie sie es vielleicht erwartet hätte. Stattdessen war da ein leichter, stoppeliger Flaum.

Die Haut darunter schimmerte weich und blass. Es sah so anders aus als sonst - so ungewohnt.

Jolie spürte ein merkwürdiges Gefühl in ihrer Brust. Eine Mischung aus Verwirrung und etwas, das sie nicht benennen konnte.

Es war kein Schreck, kein Ekel - es war einfach... anders.

Ihr Cousin war der Erste, der sprach. „Wow, Oma... fühlt sich das komisch an?"

Oma lächelte leicht. „Ein bisschen", sagte sie. Dann sah sie Jolie an. „Möchtest du mal fühlen?"

Jolie zögerte kurz, doch dann streckte sie vorsichtig eine kleine Hand aus und strich über Omas Kopf. Sie war überrascht, wie weich sich die kurzen Haare anfühlten, fast wie Samt.

„Es ist ganz weich", murmelte sie leise.

Oma nickte. „Ja, nicht wahr?" Sie setzte sich auf den Rand der Badewanne, seufzte und sah die beiden Kinder liebevoll an. „Ich wollte euch das zeigen, weil ich weiß, dass ihr euch manchmal fragt, warum ich eine Perücke trage. Ich bin nicht mehr so krank, also keine Sorge. Aber ich hatte eine Krankheit, die dafür gesorgt hat, dass meine Haare ausgefallen sind. Jetzt wachsen sie langsam wieder nach."

Jolie runzelte die Stirn. Sie war noch klein, sie verstand nicht alles. Aber ein Wort ließ sie aufhorchen.

„Krankheit?" fragte sie leise.

Oma legte eine Hand auf ihre. „Ja, ich habe Krebs."

Das Wort fühlte sich schwer an. Jolie kannte es, aber nur auf eine Weise, wie Kinder manche Dinge kennen - ohne wirklich zu verstehen. Für sie bedeutete „Krebs" nur eins: den Tod.

Ihr Hals wurde eng, und plötzlich fühlte sich ihr kleiner Körper ganz schwer an. Sie sah ihre Oma an, ihre liebevolle, warme Oma.

„Aber... du bist nicht tot?" flüsterte sie schließlich.

Oma lachte leise, zog Jolie sanft auf ihren Schoß und drückte sie an sich. „Nein, mein Schatz. Ich bin nicht tot. Ich habe gekämpft, und ich habe gewonnen."

Jolie schmiegte sich an sie, spürte die vertraute Wärme und den weichen Stoff ihrer Bluse.

Langsam ließ das komische Gefühl in ihrem Bauch nach. Ihre Oma war hier. Sie lebte.

„Du siehst immer noch aus wie meine Oma", murmelte Jolie schließlich.

Oma drückte ihr einen Kuss auf den Kopf.

„Und du wirst für mich immer mein kleines Mädchen bleiben."

Ihr Cousin grinste. *„Ich finde, du siehst cool aus, Oma. Fast wie eine Superheldin."*

Oma lachte. *„Na, dann bin ich eben eure Super-Oma."*

Jolie kicherte. Die Schwere in ihrem Herzen wurde ein bisschen leichter. Sie wusste nicht genau, was Krebs bedeutete, nicht wirklich. *Aber sie wusste, dass ihre Oma hier war. Und das war das Einzige, was zählte.*

Nachdem Jolie und ihr Cousin noch einen Moment bei ihrer Oma im Badezimmer geblieben waren, setzte sie ihre Perücke wieder auf und lächelte sie liebevoll an.

„Na los, wir wollen die Feier doch nicht verpassen!" sagte sie fröhlich und stand auf.

Hand in Hand gingen sie zurück ins Wohnzimmer, wo die anderen bereits lachten und sich unterhielten. Niemand sprach das Thema an, aber irgendwie fühlte es sich an, als wäre es trotzdem in der Luft. Jolie wusste, dass ihre Oma krank gewesen war - aber sie war noch hier, und das war das Wichtigste.

Der Abend verlief fröhlich, mit viel Lachen, Geschichten und leckerem Essen. Jolie saß dicht bei ihrer Oma, kuschelte sich zwischendurch an sie und beobachtete, wie sie mit den anderen Erwachsenen sprach, lachte und einfach da war.

Und obwohl das Wissen um ihre Krankheit irgendwo im Raum schwebte, wurde es ein wunderschöner Abend - voller Liebe, Wärme und dem Gefühl, dass das Leben weiterging.

Und dann kam auch schon die Grundschule

Der 17. August 2010 war ein warmer, sonniger Tag, doch in Jolies
Brust fühlte es sich anders an. Ein unbestimmtes Ziehen machte
sich in ihrem Magen breit, eine Unruhe, die nicht einfach nur
„Aufregung" war, wie alle sagten. Während ihre Familie fröhlich
plauderte und Fotos machte, stand Jolie da, ihre kleine Hand fest
um die lila Schultüte mit den pinken Details geschlossen. Sie war
wunderschön, gefüllt mit Schulutensilien, Süßigkeiten und - ihr
persönliches Highlight - einem kleinen Plüschhund, der Luna,
ihrem echten Hund, zum Verwechseln ähnlich sah.

„So hast du Luna auch immer bei dir, bis du wieder nach Hause
kommst!", sagte ihre Mutter liebevoll, als sie ihr den kleinen
Plüschhund in die Hand drückte. Jolie nickte stumm, ein
schwaches Lächeln auf den Lippen, doch in ihrem Inneren tobte
ein Sturm.

Die Stimmen um sie herum klangen gedämpft, als wäre sie unter
Wasser. Ihr Herz pochte laut, viel zu laut. Ihre Hände waren feucht,
ihr Brustkorb fühlte sich eng an. Sie hatte Angst - aber wovor
eigentlich?

Sie wusste es nicht genau. War es die neue Umgebung? Die vielen
fremden Gesichter?

Oder vielleicht die plötzliche Erkenntnis, dass dieser Tag nicht nur
ein aufregender Beginn war, sondern auch ein Schritt ins
Ungewisse?

Jolie fühlte sich, als hätte man sie ins kalte Wasser geworfen.
Entweder, sie lernte zu schwimmen, oder sie ging unter.

Die anderen Kinder um sie herum lachten, hielten stolz ihre
bunten Schultüten in die Luft, während die Erwachsenen stolz
nickten und Fotos machten. Auch Jolie zwang sich zu einem
Lächeln, aber tief in ihr war etwas, das nicht passte. Eine innere
Unruhe, ein Druck, der mehr war als das, was alle als normale
Aufregung abtaten.

„Es ist normal, dass man nervös ist", hatte ihre Mutter gesagt. Ihr
Vater, ihre Großeltern, selbst die Lehrerin - alle wiederholten
diesen Satz.

24

Also musste es wohl stimmen.

Oder?

Doch warum fühlte es sich für Jolie an, als würde ihr die Luft fehlen? Als würde etwas Bedrohliches in ihrem Inneren wachsen, das sie nicht benennen konnte?

Die Tage vergingen, und die Schule wurde zur Routine. Doch die Angst blieb. Sie versteckte sich in den leisen Momenten, in denen Jolie alleine an ihrem Tisch saß und versuchte, sich auf die Aufgaben zu konzentrieren. Sie lauerte in den Geräuschen der Klassenräume, im Chaos der Pausen, in den Sekunden, bevor sie aufgerufen wurde.

Der kleine Plüschhund, der in ihrem lila Schulranzen steckte, wurde ihr Anker.

Immer, wenn das Gefühl kam - dieses ungreifbare, erdrückende Etwas - griff sie unauffällig in ihren Ranzen und umklammerte den weichen Stoff. Es half. Kurzzeitig.

Doch niemand bemerkte, dass ihre „Aufregung" anders war.

Niemand sah die Panik, die sich hinter ihren großen, unschuldigen Augen versteckte. Jolie hinterfragte es nicht weiter. Schließlich hatte man ihr gesagt, dass es normal war. Also lernte sie, die Angst zu ignorieren.

Jahrelang.

Bis zu dem Tag, an dem sie verstand, dass sie nie nur „aufgeregt" gewesen war.

Dass es nicht normal war, jeden Morgen mit einem Kloß im Hals aufzuwachen, die Welt durch eine unsichtbare Wand zu betrachten, als wäre sie nicht ganz da.

Erst später wurde klar, dass es ihre erste Panikattacke gewesen war. An ihrem ersten Schultag.

Aber damals war sie nur ein kleines Mädchen mit einer lila Schultüte, das nicht wusste, warum ihr Herz so schnell schlug. Das nur wollte, dass alles gut wird. Und das sich, ohne es zu verstehen, bereits in einem unsichtbaren Kampf befand, den sie noch jahrelang mit sich selbst austragen würde.

Es war ein ganz normaler Schultag - das dachte Jolie zumindest...
Jolie lief um 07:40 Uhr mit ihrem Vater und Luna *Jolies Hündin*
zur Schule, wie jeden Morgen. Die kalte Luft biss ihr in die Wangen,
während sie mit gesenktem Kopf neben ihm herging. Ihr Rucksack
war ordentlich gepackt, jede Hausaufgabe sorgfältig erledigt, die
sie am Nachmittag zuvor noch mit ihrer Oma gemacht hatte. Alles
sollte perfekt sein. Alles musste perfekt sein. „Bist du aufgeregt?"
fragte ihr Vater und warf ihr einen kurzen Blick zu. Jolie zuckte nur
mit den Schultern. Natürlich war sie aufgeregt. Sie war immer
aufgeregt. Jeder Schultag war für sie eine Herausforderung. Nicht
wegen der Aufgaben oder der Lehrer, sondern wegen der anderen
Kinder, wegen der Geräusche, wegen der Blicke. „Denk dran, es ist
nur ein ganz normaler Tag", sagte ihr Vater aufmunternd.
Sie nickte, aber in ihrem Kopf kreisten bereits die Sorgen. Was,
wenn sie stolperte, wenn sie sich versprechen würde?
Was, wenn alle lachten?... Deshalb war es so wichtig, früher da zu
sein. Sie konnte nicht ertragen, in einen vollen Klassenraum zu
kommen und all diese Augen auf sich gerichtet zu wissen. Also
bestand sie darauf, spätestens um 08:00 Uhr an der Schule zu sein
auch wenn der Unterricht erst um 08:15 Uhr begann.
„Ich muss vor allen anderen da sein, damit mir nichts Peinliches
passiert, wenn ich in die Klasse komme und alle mich beobachten!",
hatte sie ihrem Vater schon oft erklärt. Er verstand es nicht
wirklich. Niemand verstand es so richtig. Für andere war es
normal, einfach in die Klasse zu gehen. Für Jolie war es ein
täglicher Kampf. Aber solange sie die Kontrolle behielt, solange sie
als Erste im Raum war, sich an ihren Platz setzen und tief
durchatmen konnte, bevor die anderen kamen, dann war es
zumindest erträglich. Als sie das Schulgebäude erreichten, drehte
sie sich kurz zu ihrem Vater um. „Bis später", murmelte sie, und
ohne eine Antwort abzuwarten, eilte sie durch das große Schultor.
Die Hallen waren noch leer, der Flur hallte leise unter ihren
Schritten. Erleichterung durchströmte sie. Sie war wieder
überpünktlich. Alles war gut. Zumindest dachte sie das. Doch als
sie die Klassenzimmertür öffnete, spürte sie sofort, dass etwas
nicht stimmte.

Jolie spürte, wie sich ihr Magen zusammenzog. Ihr Blick blieb an den letzten beiden Stunden des Tages hängen - Schwimmen. Ihr Herz schlug schneller, und sie atmete tief durch, um die aufkommende Panik zu unterdrücken.

Es lag nicht am Wasser. Im Urlaub schwamm sie gern mit ihrer Familie, tauchte mit ihrem Opa lachend durch die Wellen und ließ sich von der Strömung treiben. Doch hier, in der Schule, war es anders. Das grelle Licht der Schwimmhalle, das Echo der Stimmen, das kalte, nasse Gefühl der Fliesen unter ihren nackten Füßen.

Aber vor allem die Umkleidekabinen. Jolie hasste die Umkleidekabinen. Die Enge, die Hektik, das Chaos, wenn alle durcheinander redeten und sich umzogen. Die Angst, beobachtet zu werden, ausgelacht zu werden, wenn sie zu lange brauchte oder ungeschickt war. Ihre Hände wurden schwitzig, während sie den Stundenplan weiter anstarrte.

Dieses Mal gab es keine Entschuldigung. Kein Attest von ihrer Mutter, keine vergessenen Schwimmsachen. Ihre Tasche lag, wie immer, im Schrank der Schule... und jeder wusste das. Hätte sie behauptet, sie hätte sie nicht dabei, hätte man sie sofort durchschaut. Sie stellte sich vor, wie die Lehrerin sie streng ansah, wie die anderen Kinder tuschelten.

„Warum willst du nie mitmachen?" „Bist du wasserscheu?" „Hast du Angst?" Jolies Kopf fühlte sich schwer an. Sie biss sich auf die Lippe, als sich ein Kloß in ihrer Kehle bildete. Noch war es früh am Morgen, noch lagen vier normale Stunden vor ihr.

„1.Deutsch, 2.Englisch, 3.Mathe, 4.Musik.!" ging sie laut durch! Stunden, die sie bewältigen konnte. Doch mit jeder Minute rückte die fünfte Stunde näher, unausweichlich, als würde eine Uhr in ihrem Kopf laut ticken. Sie wusste genau, was passieren würde. Sie würde sich still in die Umkleide schleichen, hoffen, dass niemand sie beachtete. Doch es würde nicht funktionieren. Es funktionierte nie. Die anderen Mädchen würden laut reden, lachen, ihre Badeanzüge anziehen, ohne zu zögern. Und sie? Sie würde zögern.

Sie würde darauf achten, sich so unauffällig wie möglich umzuziehen, sich mit dem Handtuch zu bedecken wie sie es immer machte... und jede Bewegung durchzuplanen. Und trotzdem würde ihr Herz rasen. Vielleicht würde jemand sie mustern.

Vielleicht würde jemand eine Bemerkung machen.

Und selbst wenn nicht - sie würde sich beobachtet fühlen, würde jedes Lachen im Raum auf sich beziehen wie sie es in jeder Situation tat. Sie wusste, dass ihre Angst irrational war, aber das machte sie nicht weniger real.

"*Jolie?*" Sie schreckte auf, als ihre Lehrerin in die Klasse kam. Deutschunterricht begann. Sie schlug ihr Heft auf und zwang sich, sich zu konzentrieren. Doch im Hinterkopf tickte weiter diese unsichtbare Uhr. Fünfte Stunde. Schwimmen.

Keine Entschuldigung. Keine Flucht. Dann war es soweit...! Jolie rieb sich unauffällig die Arme, als hätte sie plötzlich gefroren. Der Bus rumpelte über die Straße in Richtung Schwimmbad, doch sie spürte kaum die Bewegungen. Ihre Gedanken kreisten nur um das, was gleich passieren würde. Flucht. Sie suchte nach einer Möglichkeit. Vielleicht konnte sie behaupten, sie hätte Kopfschmerzen. Doch was, wenn die Lehrerin darauf bestand, dass sie sich trotzdem umzieht? Vielleicht konnte sie einfach langsam sein, sich Zeit lassen, bis es zu spät war, ins Wasser zu gehen. Aber dann würden die anderen tuscheln. Dann würden sie wieder Blicke austauschen und kichern, als wüssten sie genau, warum sie zögerte. „*Jolie, wieso siehst du so blass aus? Geht es dir nicht gut?*" Sabis Stimme drang gedämpft in ihr Bewusstsein, doch sie reagierte nicht sofort. Erst als ihre Freundin sich wiederholte - „*Halloooooo?*" - zuckte sie zusammen und riss den Blick vom Fenster los. „*Es ist alles okay!*", sagte sie hastig.

Sabi runzelte die Stirn, glaubte ihr offensichtlich nicht, doch sie ließ es dabei. Jolie war dankbar dafür. Sie wollte nicht erklären, was ihr durch den Kopf ging. Wollte nicht darüber reden, wie sehr sie sich davor fürchtete, sich vor den anderen umzuziehen.

Sie dachte an das letzte Mal. Daran, wie einige der Mädchen über ihre Beine gelacht hatten. „*Du hast ja mehr Haare als mein großer Bruder*", hatte eine von ihnen kichernd gesagt. Es war nur ein flüchtiger Kommentar gewesen, doch für Jolie war er wie ein Messerstich gewesen. Seitdem hatte sie begonnen, sich die Beine zu rasieren. Doch heute ... heute hatte sie es vergessen.

Sie konnte es nicht ändern. Es war zu spät.

Und trotzdem spürte sie, wie sich Panik in ihr ausbreitete, heiß und beklemmend.

Ihr Hals wurde eng, ihre Atmung flach. Die Stimmen um sie herum verschwammen, wurden zu einem dumpfen Rauschen.

Sie hörte nicht mehr, was Sabi oder die anderen sagten. Sie hörte nur das Pochen ihres eigenen Herzens. Der Bus hielt. Alle standen auf, drängten sich nach draußen. Jolie bewegte sich mit ihnen, aber es fühlte sich an, als wäre sie nicht wirklich da. Ihre Füße berührten den Boden, ihre Beine liefen automatisch, aber in ihrem Kopf war nur eine Leere, gefüllt mit Angst.

In der Umkleidekabine passierte alles, wie sie es befürchtet hatte. Sie zog sich so schnell um, wie sie konnte, hielt den Blick gesenkt, wagte nicht, die Reaktionen der anderen zu lesen. Doch sie hörte das Kichern. Vielleicht bildete sie es sich ein - oder vielleicht auch nicht. Endlich war sie im Wasser. Das Chlor brannte in ihrer Nase, doch das war ihr egal. Sie tauchte unter, ließ sich von der Stille einhüllen. Unter Wasser gab es keine Stimmen, keine Blicke, keine Angst. Nur sie und das beruhigende, sanfte Wiegen des Wassers. Für diesen Moment war alles ruhig. Dann tauchte sie auf - und wurde sofort von lautem Kreischen und Gelächter empfangen. Ein paar Jungs spritzten mit Wasser herum, die Mädchen quietschten und kreischten genervt. Die Welt war wieder laut.

Jolie seufzte leise. Der Moment der Stille war vorbei. Und noch lagen 72 Minuten Schwimmunterricht vor ihr. Die Zeit verstrich langsamer als erwartet.

Jolie hatte gehofft, dass der Schwimmunterricht bald vorbei sein würde, doch als sie auf die Uhr sah, bemerkte sie mit Schrecken, dass erst 28 Minuten vergangen waren - noch 44 Minuten übrig. Der Schwimmlehrer klatschte in die Hände. „*So, bevor wir mit dem Spiel starten, schwimmt jeder vier Bahnen!*" Jolie unterdrückte ein Seufzen. Sie mochte Tauchen, aber Bahnen schwimmen? Das bedeutete, dass sich alle durcheinander bewegten, Wasser spritzte, jemand aus Versehen gegen sie schwamm - und sie das Gefühl bekam, in einem viel zu engen Raum gefangen zu sein. Dennoch machte sie sich an die Aufgabe, konzentrierte sich darauf, ruhig zu bleiben.

Nach der zweiten Bahn merkte sie, wie ihr Atem schneller wurde. Nicht, weil sie müde war - sondern weil um sie herum alles wuselte.

Arme, Beine, Wasser, das in Wellen auf sie zuschwappte. Sie zwang sich, nicht darüber nachzudenken, schwamm die letzten Bahnen und zog sich dann an den Beckenrand. Endlich kam das Spiel.

„*So Kinder, wir spielen heute Ringe tauchen!*"

rief der Schwimmlehrer. Jolie atmete auf. Endlich etwas, das sie mochte. Sie wusste, dass sie in diesem Spiel gut war - schneller als viele andere, geschickter. Sie konnte sich ganz auf die Bewegung konzentrieren, auf das Wasser, auf das Tauchen. Der Lehrer teilte die Teams ein - wie immer Mädchen gegen Jungs. Die Ringe wurden ins Wasser geworfen, und das Spiel begann. Jolie tauchte ab, ihre Bewegungen waren fließend, kraftvoll. Sie schnappte sich einen Ring nach dem anderen, tauchte auf, holte Luft, tauchte wieder ab. Das Wasser beruhigte sie. Hier war sie leicht, schnell, hier war sie gut. Als das Spiel vorbei war, stand das Ergebnis fest: *Die Mädchen hatten gewonnen.* Jolie spürte ein kleines Funkeln von Stolz in sich. Ein seltener Moment der Freude. Ein Moment, in dem sie sich nicht unwohl, nicht fehl am Platz fühlte.

Doch dann, als sie aus dem Wasser kletterte, bemerkte sie die Blicke.

Drei Jungs aus ihrer Klasse standen da, betrachteten sie von oben bis unten. Einer von ihnen grinste spöttisch. *„Die könnte mein Vater sein mit den haarigen Beinen!"* Die anderen brachen in Gelächter aus. Jolie erstarrte. Der Moment der Freude verpuffte augenblicklich. Sie wollte etwas sagen, wollte erklären, dass das normal war, dass es nicht schlimm war, dass es einfach nur... Haare waren. Aber ihre Kehle war wie zugeschnürt. Die Worte blieben in ihrem Hals stecken, und stattdessen senkte sie nur den Kopf und wich den Blicken aus. Sie wusste, dass es nicht *„so schlimm"* war. Dass ihre Beine nicht übermäßig behaart waren. Aber in ihrer Klasse hatten die meisten Mädchen noch gar keine Haare an den Beinen. Sie waren glatt, wie es Kinder nun mal sind. Und Kinder konnten grausam sein, ohne es wirklich zu merken. Sie verbarg ihre Beine unter dem Handtuch, zog sich in der Umkleide so schnell wie möglich um und sprach mit niemandem mehr. Der Rückweg im Bus war ein einziger
Nebel. Sie hörte Stimmen, Lachen, Gespräche - aber nichts drang zu ihr durch. Jolie wusste genau, was sie nach der Schule tun würde.
Sie würde nach Hause gehen, in ihr Zimmer verschwinden, die Tür schließen. Sie würde sich unter ihre Decke legen, leise weinen, bis sie keine Tränen mehr hatte. Und genau das tat sie. Zuhause angekommen... ging Jolie direkt in ihr Zimmer und weinte sich bis zum Abendessen still und leise in ihrem Kissen aus! Jolie drehte die Gabel langsam in ihren Spaghetti, ohne wirklich Hunger zu haben. Normalerweise hätte sie sich über das Essen gefreut - Spaghetti Bolognese war seit sie denken kann ihr Lieblingsgericht gewesen. Doch heute schmeckte es nach nichts. Ihre Mutter musterte sie besorgt. *„Jolie, was ist denn los? Ich sehe, dass du geweint hast."* Jolie zuckte kaum merklich zusammen.
Natürlich hatte ihre Mutter es bemerkt. Sie bemerkte es immer. Aber Jolie konnte es ihr nicht sagen. Sie konnte nicht erzählen, dass sie heute in der Schule gedemütigt worden war, dass sie sich so unwohl in ihrer Haut fühlte, dass sie am liebsten gar nicht mehr hingehen wollte.

Denn sie wusste genau, was dann passieren würde: Ihre Eltern würden sich einmischen. Sie würden mit den Lehrern reden, vielleicht sogar mit den Eltern der Jungs. Und dann wäre alles nur noch schlimmer.

Sie zwang sich zu einem Lächeln, auch wenn es sich nicht echt anfühlte. *„Alles gut, Mama. Ich hatte nur ein bisschen Stress mit einer Freundin, aber wir haben das wieder geklärt."*

Eine Lüge....

Sie hasste es, ihre Eltern anzulügen. Aber sie hasste es noch mehr, im Mittelpunkt zu stehen. Wenn ihre Eltern zur Schule gingen, würden alle wissen, dass sie sich beschwert hatte. Und dann würden die Jungs erst recht über sie lachen.

Ihr Vater nahm einen Schluck von seiner Cola und sah sie nachdenklich an. *„Bist du sicher? Du wirkst so still."*

„Ja, wirklich. Es war nichts Schlimmes."

Ihre Mutter seufzte leise, schien ihr aber zu glauben - *oder zumindest zu akzeptieren, dass Jolie nicht darüber reden wollte.*

Das restliche Essen verlief schweigend.

Nur das Klirren des Bestecks auf den Tellern war zu hören. Normalerweise redeten sie beim Abendessen über ihren Tag, lachten, erzählten kleine Geschichten. Doch heute blieb Jolie still. Als sie aufgegessen hatte, stand sie auf. *„Ich bin müde. Ich gehe ins Bett."* Ihre Eltern tauschten einen kurzen Blick, sagten aber nichts. Jolie verschwand in ihrem Zimmer, schloss die Tür hinter sich und ließ sich auf ihr Bett sinken. Sie zog die Decke bis über den Kopf, schloss die Augen.

Morgen würde wieder ein Schultag sein.

Wieder würden sie tuscheln, wieder würden sie lachen. Und sie? Sie würde schweigen. So wie immer.

Jolies Flugstunden mit Papa

Jolie war ein echtes Papa-Kind. Schon als kleines Mädchen fühlte sie sich in seiner Nähe sicher, geborgen, als könnte sie die Welt erobern - wenn sie es denn wollte.

Gemeinsam verbrachten sie unzählige Stunden spielend, lachend und in ihre eigene kleine Fantasiewelt versunken.

Besonders liebte Jolie es, mit ihrem Vater Schule zu spielen. Während sie in der echten Schule oft von Ängsten geplagt wurde und sich unter dem Druck der anderen Kinder klein fühlte, war es zuhause anders. Hier war Lernen kein Muss, sondern ein Spiel. Ihr Vater und sie wechselten sich ab - an einem Tag war er der Lehrer und sie musste einen Vokabeltest schreiben, am nächsten Tag war sie die Lehrerin und ihr Vater musste sich anstrengen, um ihre kniffligen Fragen zu beantworten.

Doch was Jolie am meisten liebte, waren ihre ganz besonderen Flugstunden mit Papa. Abends, wenn die Welt langsam ruhiger wurde und das Wohnzimmer in das warme Licht der Stehlampe getaucht war, wurde ihr Vater zum Startplatz für ihre ganz persönlichen Höhenflüge.

„Papa, los, lass uns fliegen!" rief sie aufgeregt und kletterte auf das Sofa.

Ihr Vater grinste, legte sich auf den Rücken und hob die Beine in die Luft. „Na dann, junge Dame, anschnallen, wir heben ab!"

Jolie kicherte und lehnte sich mit ihrem kleinen Körper vorsichtig auf seine Füße.

Langsam hob er sie in die Luft, bis sie mit ausgestreckten Armen in der Schwebe war. Ihr dunkles Haar fiel nach vorne, ihre Augen funkelten.

„Ich fliege, Papa! Ich fliege wirklich!" rief sie begeistert.

Ihr Vater lachte. „Du bist eine echte Pilotin! Und wohin soll die Reise heute gehen?"

„Hmmm... nach... Paris! Ich will den Eiffelturm sehen!" sagte Jolie.

„Dann halte dich gut fest, gleich gibt es Turbulenzen!" Er wackelte spielerisch mit den Beinen, und Jolie kreischte vor Freude.

„Achtung, ich bin jetzt eine Kunstfliegerin!" rief sie und begann, ihre Arme wie Flügel zu bewegen. „Ich kann Loopings machen und durch die Wolken fliegen!"

Ihr Vater sah sie liebevoll an. „Weißt du, warum du so gut fliegen kannst?"

„Warum?" fragte sie neugierig.

Er zwinkerte. „Weil du mutig bist. Weil du dich traust, deine Flügel auszubreiten. Und weil du weißt, dass ich dich immer auffange."

Jolie blickte ihn an, ihre Augen wurden für einen Moment ernst. Dann nickte sie und lächelte. „Ja, Papa. Du bist mein sicherer Landeplatz."

In diesem Moment fühlte sie es ganz genau - die Freiheit, die Leichtigkeit, das unerschütterliche Vertrauen. Sie wusste noch nicht, dass das Leben ihr viele Stürme schicken würde.

Dass es Tage geben würde, an denen sie vergessen würde, wie sich das Fliegen anfühlt. Doch in diesem Augenblick war sie einfach nur Jolie - ein kleines Mädchen, das mit ausgebreiteten Armen durch die Luft schwebte und glaubte, dass alles möglich war.

Sie blendete in den Momenten immer die Welt draußen aus! Zuhause war ihr sicherer Ort, an dem sie am liebsten immer wäre, aber das ging eben nicht, und so vergingen einige Tage, Wochen, Monate in der Schule, mit den selben täglichen Sprüchen, und dem alltäglichen Dingen die sie sonst so mit sich rum schleppte...

Zwischen den Zeilen der Nacht

2011 - ein Jahr, in dem die Welt für Jolie noch so groß und unerklärlich war, aber in Geschichten fand sie Halt. Sie liebte Bücher, konnte sich stundenlang in andere Welten verlieren, in Abenteuer eintauchen, die ihr eigenes Leben für einen Moment leiser machten.

Die Schule mochte sie nicht besonders. Zu laut, zu hektisch, zu voll von Dingen, die sie nicht interessierten, den Kindern, die Witze über sie machten. Aber heute war anders.

Heute war die Lesenacht.

Jolie saß mit ihrem Schlafsack unter dem Arm auf dem Boden des Klassenzimmers, während die Lehrerin allen erklärte, wie der Abend ablaufen würde. Neben ihr kramte Sabi in ihrer Tasche nach einer Taschenlampe. Sie war eine der wenigen Konstanten in Jolies Leben, ein leiser Anker inmitten all der Unsicherheiten.

„Welches Buch hast du mit?" fragte Sabi neugierig.

Jolie zog es langsam aus ihrem Rucksack - *Gregs Tagebuch*. Ihre Augen leuchteten für einen Moment. „Ich liebe diese Buchreihe! Ich hab's schon ein paar Mal gelesen, aber ich lese es trotzdem nochmal!"

Sabi grinste. „Ich kenn's nicht. Worum geht's?"

Jolie überlegte kurz. Wie sollte man etwas erklären, das sich anfühlte wie ein Teil von einem selbst? „Es ist... irgendwie echt. So, als würde man in jemandes Gedanken schauen. Manchmal lustig, manchmal traurig. Aber immer ehrlich."

Sabi nickte. „Dann solltest du mir später ein bisschen was daraus vorlesen."

Die Stunden vergingen, während das Klassenzimmer langsam dunkler wurde. Die Kinder hatten ihre Schlafsäcke ausgerollt, die Taschenlampen an, und überall hörte man das leise Rascheln von Buchseiten und das Flüstern von Stimmen. Jolie und Sabi lagen nebeneinander, die Köpfe nah beieinander, während sie sich über ihre Bücher austauschten.

Irgendwann stand die geplante Nachtwanderung an.

Jolie schluckte.

Sie mochte die Dunkelheit nicht. Nicht, weil sie Angst vor Monstern oder Geistern hatte - sie wusste, dass das alles in ihrem Kopf keine Bedrohungen waren und Monster nicht existierten. An Geister glaubte Jolie, aber sie hatte keine Angst vor ihnen!

Sie hatte Angst, weil sie das Gefühl kannte, das mit ihr kam. Die Dunkelheit draußen erinnerte sie an die Dunkelheit in ihr selbst. Und das mit sieben Jahren.

„*Alles okay?*" fragte Sabi leise, als sie bemerkte, dass Jolie langsamer ging.

„*Ja...*", murmelte sie, nicht ganz ehrlich.

Der Schulhof war weit, größer als er am Tag wirkte. Die Schatten der Bäume zogen sich lang über den Boden, und irgendwo in der Ferne hörte man das Knarren eines alten Spielgeräts. Jolie schlang die Arme um sich.

Sabi stupste sie mit der Schulter an. „*Ich bin hier.*"

Jolie sah sie an und nickte leicht. Manchmal reichten drei Worte aus, um einen nicht so verloren fühlen zu lassen.

Nach der Wanderung kuschelten sie sich in ihre Schlafsäcke, nebeneinander, das Licht der Taschenlampe warf kleine Schatten an die Wand. Sabis Schlafsack war blau mit einem gelben Streifen, Jolies war rot-rosa gemischt.

„*Danke*", murmelte Jolie leise.

Sabi drehte sich zu ihr um. „*Für was?*"

Jolie zuckte mit den Schultern. „*Einfach für alles.*"

Sabi grinste und klopfte auf Jolies Arm.

„*Dafür sind Freunde doch da.*"

In dieser Nacht passierte nichts Außergewöhnliches. Kein großes Abenteuer, keine unvergesslichen Ereignisse, keine spöttischen Bemerkungen. Nur zwei Freundinnen, die lachten, Bücher lasen und dann irgendwann in der Wärme ihrer Schlafsäcke einschliefen.

Aber für Jolie war genau das genug.

Vielleicht sogar mehr als genug.

Der letzte Spieltag - Ein Moment für die Ewigkeit

Der 13. März 2011 war ein Sonntag, an dem sich der Frühling langsam ankündigte. Die Luft war mild, der Himmel bewölkt, doch die Sonne schaffte es immer wieder, durch die Wolkendecke zu brechen. Für viele war es ein gewöhnlicher Tag, für Jolie jedoch nicht. Es war ihr letzter Spieltag - *und nur sie wusste das.*

Jolie war nie wirklich eine begeisterte Sportlerin gewesen, und doch hatte sie sich selbst gezwungen, diesem Handballverein beizutreten. Vielleicht, weil ihre Eltern es gut fanden. Vielleicht, weil sie sich beweisen wollte. Oder vielleicht einfach, weil sie dachte, es wäre das Richtige. Doch nun, nach Monaten voller Pflichtgefühle, voller Unsicherheit und voller Angst vor jeder Trainingseinheit, wusste sie: *Heute war das letzte Mal.*

Das Spielfeld war voller Leben. Überall standen Eltern, Geschwister, Großeltern - Menschen, die ihre Kinder und Enkel anfeuerten. Auch Jolies Eltern waren da. Sie lächelten sie an, voller Stolz und ohne die leiseste Ahnung, wie schwer ihr das alles fiel.

Jolie fühlte sich fehl am Platz. Sie war eine Einzelgängerin in einem Mannschaftssport, eine stille Beobachterin in einem Spiel, das Schnelligkeit, Aggressivität und Mut verlangte. Sie hatte keine Angst vor dem Gegner - sie hatte Angst vor sich selbst. Im Training war sie an manchen Tagen wirklich gut, wenn sie sich stark genug fühlte, aber diese Momente waren so selten das sie kaum auffielen.

Das Spiel begann hektisch. Die Spielerinnen rannten über das Feld, riefen sich gegenseitig zu, schrien „*Ich steh frei!*", als würden ihre Leben davon abhängen. Nur Jolie schrie nicht. Sie wollte unsichtbar sein, eine unauffällige Bewegung im Strom der anderen. Ihre Gedanken kreisten nur darum, dem Ball auszuweichen. Wenn sie ihn nicht hatte, konnte sie nichts falsch machen.

Doch dann geschah das Unvermeidliche.

Die gegnerische Mannschaft war kurz unaufmerksam, und plötzlich stand Jolie allein in der Mitte des Spielfelds. Die Blicke richteten sich auf sie. Ein Mädchen aus ihrem Team rief: „*Jolie, fang!*" Und bevor sie widersprechen konnte, war der Ball in der Luft - auf dem Weg zu ihr.

In diesem Moment schien die Zeit zu zerfließen.

Sekunden dehnten sich, das Geräusch der schreienden Zuschauer und Mitspieler wurde dumpf, ihre Umgebung verschwamm. Sie fühlte den Ball in ihren Händen, aber ihre Finger schlossen sich nicht darum. Stattdessen wurde ihr kalt.

Ihre Atmung wurde flach. Ihr Herz raste.

Nicht jetzt. Nicht hier. Dachte Jolie.

Panik überrollte sie wie eine Welle. Ihr Körper verkrampfte, ihre Gedanken rasten, doch ihre Beine blieben wie festgefroren.

Der warme Regen begann in diesem Moment zu fallen - als hätte der Himmel ihre innere Aufruhr gespürt.

Dann, ein plötzlicher Ruck. Jemand riss ihr den Ball aus der Hand. *„Jolie, was machst du?!",* riefen ihre

Mitspieler. *„Warum passt du nicht ab?"*

Ihre Kehle war trocken. Ihr Körper zitterte.

Sie konnte nicht antworten. Konnte nichts erklären. Sie wollte nur noch weg.

Tränen stiegen ihr in die Augen, während sie losrannte. Nicht mehr über das Spielfeld, nicht mehr im Spiel - sondern hinaus, an den Rand, dorthin, wo ihre Eltern standen. Sie sah nicht, wie das Spiel weiterging.

Hörte und fühlte nur noch den Regen auf ihr, spürte nur noch die Tränen auf ihren Wangen.

In der Spielpause saßen alle im Zelt, aßen Crêpes und belegte Brote, während der Regen langsam nachließ. Jolie saß still da, den Kopf gesenkt. Die anderen lachten, scherzten über das Spiel, über ihre Siege und Fehler. Doch für Jolie war das kein Fehler gewesen. Es war ein Beweis.

Ein Beweis, dass Sport, selbst außerhalb der Schule, nichts für sie war.

Ein letztes Mal betrat sie an diesem Tag das Spielfeld. Nicht, um zu spielen, sondern um die Medaille zu bekommen, die alle Teilnehmer erhielten.

Ihre Eltern machten ein Foto - ein gezwungenes Lachen auf ihrem Gesicht.

Sie hatten keine Ahnung, dass ihr Inneres schrie.

Dass ihre Beine immer noch weich waren. Dass sie in Gedanken den Brief formulierte, den sie später verschicken würde - die Abmeldung vom Verein.

Sie kehrte nie zurück.

Niemand sprach je wieder über diesen Tag. Niemand fragte sie, warum sie nicht mehr kam. Und niemand erkannte, dass es keine Schwäche war, die sie damals hatte erstarren lassen. Sondern eine Panikattacke. Ein stummer, unsichtbarer Kampf, den niemand außer ihr selbst begriff.

Und doch, tief in ihrem Inneren, wusste sie:

Sie hatte trotzdem versucht, durchzuhalten.

Und vielleicht - nur vielleicht - war das mehr wert als jede Medaille.

Die Scherben unter ihren Füßen /Schulprojekt

Hinter dem schweren roten Vorhang der Manege war es stickig und eng. Die Stimmen des Publikums drangen wie ein dumpfes Summen an Jolies Ohren, vermischt mit dem Rauschen ihres eigenen Blutes. Ihr Herz schlug so laut, dass es sich anhörte wie ein Trommelschlag direkt in ihrer Brust.

Sie presste ihre Hände an ihre Seiten, um das Zittern zu verbergen. Ihre Finger waren eiskalt, obwohl der Raum so warm war, dass ihr Kostüm an ihrem Rücken klebte.

Sie war als Pippi Langstrumpf verkleidet - ihre Kindheitsheldin, das mutigste Mädchen der Welt. Und doch fühlte sich Jolie in diesem Moment so gar nicht mutig.

Gleich würde es soweit sein. Gleich würde ihr Name durch die Manege hallen, gleich würden sich die schweren Vorhänge öffnen, und dann würde sie hinausmarschieren

- hinein in das blendende Licht der Scheinwerfer, hinein in die erwartungsvollen Blicke von hunderten Menschen.

Ihre Füße scharrten nervös über den Boden. Sie wusste, was sie zu tun hatte.

Sie hatte es hunderte Male geübt, immer wieder. Langsam, bedächtig, Schritt für Schritt über die echten Glasscherben gehen. Nicht zu hastig, nicht zu zögerlich.

Den Druck richtig verteilen, jeden Schritt bewusst setzen.

Die Scherben waren nicht das Problem.

Sie hatte nie Angst vor den Scherben gehabt.

Was sie lähmte, war der Gedanke an all die Augen, die auf sie gerichtet sein würden.

Daran, dass jeder Fehler sichtbar wäre, dass sie sich blamieren könnte, dass sie mitten in der Manege erstarren und keinen Schritt mehr machen könnte.

Und dann kam der Moment.

"Und nun, meine Damen und Herren, unser nächster atemberaubender Auftritt! Direkt aus der Welt der Kindheitshelden - PIPPI LANGSTRUMPF!"

Ein Zittern lief durch Jolies Körper. Der Vorhang wurde aufgezogen. Die Manege lag vor ihr, riesig und bedrohlich.

Sie zwang sich, loszumarschieren. Durch den überdimensionalen Fernsehrahmen, der sie wie eine Filmszene einrahmte.

Die Scheinwerfer blendeten sie sofort.

Für einen kurzen Moment fühlte sie sich völlig entblößt.

Jolie spürte, wie sich ihre Atmung beschleunigte. Ihr Brustkorb hob und senkte sich viel zu schnell. Sie konnte kaum noch denken.

Doch sie ging weiter.

Jeder Schritt hallte auf dem Boden der Manege wider. Sie wusste, dass sie beobachtet wurde, auch wenn sie das Publikum kaum erkennen konnte. Die Lichter waren so grell, dass alles dahinter verschwamm - aber sie wusste, dass dort Hunderte von Menschen saßen. Dass die Manege bis auf den letzten Platz ausverkauft war.

Ein Teil von ihr wollte einfach stehen bleiben. Warten, bis es vorbei war. Bis jemand sie von dieser Bühne holte.

Aber das ging nicht.

Denn jetzt begann die Musik - eine dröhnende, spannungsgeladene Melodie. Es war Zeit.

Vor ihr lag das Feld aus Glasscherben.

Sie glänzten kalt im Licht, scharf und zerbrechlich.

Langsam hob sie ihren Fuß.

In ihrem Kopf überschlug sich der Gedanke:

Wenn jetzt eine Scherbe stecken bleibt, würde ich es nicht mal merken, so wackelig wie meine Beine sind.

Sie setzte ihren Fuß auf.

Ein leises Knirschen, so fein, dass es sich wie ein zerbrechliches Flüstern anhörte.

Sie verteilte ihr Gewicht vorsichtig, trat weiter. Noch ein Knirschen.

Ihr Atem ging flach.

Sie wusste genau, was sie tat. Sie kannte jede Bewegung. Aber es war, als würde ihr Körper nicht mehr ihr gehören.

Die Stimmen des Publikums waren verstummt. Es war vollkommen still in der Manege, bis auf die Musik, die unaufhörlich weiterlief.

Jeder einzelne Mensch hielt den Atem an.

Jolie hielt den Blick stur geradeaus gerichtet. Sie konnte sich keinen Fehler erlauben.

Noch ein Schritt.

Noch ein leises Knirschen.

Jede einzelne Bewegung fühlte sich an wie eine Ewigkeit. Ihre Knie zitterten, ihr Magen krampfte sich zusammen. Doch sie ging weiter. Schritt für Schritt.

Bis sie am Ende des Scherbenfeldes stand.

Sie hob ihren Kopf, zwang sich, ins Publikum zu blicken. Ihr Blick war verschwommen, ihr Körper fühlte sich fremd an. Aber sie stand noch. Sie hatte es geschafft.

Und dann - *Applaus.*

Ein donnernder, lauter Applaus, der durch die Manege schallte.

Jolie spürte, wie ihre Beine nachgaben, aber sie zwang sich, aufrecht zu bleiben. Ein Lächeln huschte über ihr Gesicht - noch nicht ganz echt, noch nicht ganz erleichtert.

Dann drehte sie sich um, marschierte zurück - genauso, wie sie gekommen war.

Hinter der Bühne angekommen, sank sie auf einen Stuhl und vergrub ihr Gesicht in den Händen. Sie hatte es getan. Sie hatte es überlebt.

Später, Jahre danach, würde sie sich *dieses Video noch einmal ansehen. Und noch einmal. Und noch einmal.*

Beim ersten Mal würde sie ihr eigenes Zittern spüren.

Beim zweiten Mal würde sie sich fragen, warum sie sich damals so sehr gefürchtet hatte.

Und beim dritten Mal - Da würde sie lachen.

Lachen über ihre eigene Angst. Lachen darüber, wie steif sie sich bewegt hatte.

Lachen darüber, dass sie sich mehr vor den Blicken der Menschen als vor echten Glasscherben gefürchtet hatte.

Und irgendwo tief in ihrem Inneren würde sie wissen:

Diese fünf Minuten in der Manege hatten ihr mehr über sich selbst beigebracht als tausend andere Momente davor.

Ein Sturz, der bleibt

Jolie saß auf dem Boden. Ihre Knie brannten, ihre Handflächen waren aufgeschürft, und ihr ganzer Körper bebte vor Wut.

Die kleinen Steinchen des gepflasterten Gartenwegs hatten sich in ihre Haut gedrückt, während die Inliner noch an ihren Füßen hingen - diese verdammten Dinger, die sie sowieso nie hatte tragen wollen.

„Scheiße!" rief sie und schlug mit der Faust auf den Boden.

Ihr Pate Andreas, der wie immer voller Energie und Begeisterung war, hockte sich neben sie. „Jolie, du bist gerade mal die Rampe runtergefahren. Das war dein erster Versuch!" Seine Stimme klang verständnisvoll, aber das machte es nur noch schlimmer.

„Ich will das nicht!" fuhr sie ihn an. „Ich bin nicht so wie du, okay? Ich kann das nicht!

Ich werde es nie können!"

Andreas lehnte sich zurück und betrachtete sie.

Er hatte diesen geduldigen Blick, den er immer hatte, wenn sie so reagierte. Seit sie klein war, hatte er versucht, ihr seine Hobbys näherzubringen - Fahrradfahren, Skateboarden, und weiter Sportarten. Und jetzt Inliner. Aber Sport war für Jolie schon in der Schule eine Qual gewesen. Sie hasste es, gezwungen zu werden, sich zu bewegen, weil andere es für wichtig hielten, sie hatte immer wieder das spöttische Gelächter ihrer Mitschüler im Kopf, immer wieder die unnötigen Kommentare die sie damit verbunden hatte.

Aber sie hatte es versucht. Sie versuchte es immer. Und wenn es nicht klappte, explodierte etwas in ihr. Diese Wut, diese unkontrollierbare Frustration. Es war, als ob in ihrem Kopf zu viele Gedanken auf einmal waren, als ob ihr Körper nicht tun konnte, was er sollte, weil ihr Geist nicht still genug war, um sich darauf zu konzentrieren.

„Du bist wütend, weil es nicht sofort klappt, oder?" fragte Andreas ruhig.

Jolie biss die Zähne zusammen.

Sie wollte nicht antworten.

„*Weißt du, ich war auch so. Früher.*" Ergänzte er!

Sie schnaubte. „*Du? Als ob. Du kannst doch alles!*"

Andreas lachte leise. „*Ja, jetzt. Weil ich es gelernt habe. Weil ich mir erlaubt habe, es zu lernen. Aber du..*" Er musterte sie einen Moment. „*Du denkst zu viel nach. Dein Kopf ist so laut, dass dein Körper nicht mitkommt.*"

Jolie sah weg. Irgendwie traf das einen Nerv.

„*Und dann, wenn es nicht funktioniert, gibst du dir selbst die Schuld. Du wirst sauer. Aber nicht auf mich, nicht auf die Inliner - auf dich selbst.*" Sie schluckte.

Andreas lehnte sich näher. „*Weißt du, was ich irgendwann verstanden habe? Dass man manchmal erst aufhören muss zu kämpfen, um wirklich zu lernen. Manchmal muss man fallen, um zu merken, dass der Sturz nicht das Ende ist.*"

Jolie schüttelte den Kopf. „*Aber ich hasse es zu versagen.*"

„*Du versagst nicht. Du lernst.*"

Es war ein schöner Gedanke. Aber für Jolie fühlte es sich nicht so an. Sie war wütend, weil sie immer wütend war, wenn sie etwas nicht sofort konnte. Weil sie sich selbst nicht verstand. Weil sie nicht einfach loslassen konnte, so wie Andreas es tat.

An diesem Tag stand sie nicht noch einmal auf den Inliner. Sie zog sie aus, ging ins Haus und war tagelang schlecht gelaunt.

Sie hasste dieses Gefühl, dieses Gefühl, dass sie nicht gut genug war - für Andreas, für sich selbst....

Denn alles was sie jemals wollte war, das Andreas.... das ihre Familie stolz auf sie wären... auch wenn sie andere Wege ging!

Jahre später

Jolie war jetzt 20. Die stickige, schweißgetränkte Luft des Fitnessstudios war mittlerweile ein vertrauter Geruch. Sie stand vor dem Spiegel, zog ihre Handschuhe fest und griff nach der Langhantel.

Sie hatte sich verändert.

Damals hatte sie Sport gehasst, weil er ihr in der Schule aufgedrängt worden war, weil sie die negativen Erfahrungen mit Sport verbunden hatte. Weil sie nie das Gefühl hatte, wirklich gut darin zu sein. Weil sie sich selbst im Weg gestanden hatte.

Aber irgendwann, nach der Schulzeit, als niemand sie mehr zwang, hatte sie es selbst entdeckt. Fitness wurde zu ihrem sicheren Ort. Hier gab es keine Noten, kein Vergleichen mit anderen. Nur sie, das Eisen und der Fortschritt, den sie selbst bestimmen konnte.

Manchmal dachte sie an Andreas. Daran, wie er es immer wieder versucht hatte, ihr etwas beizubringen, ihr zu zeigen, dass Bewegung auch Freiheit sein konnte.

Und manchmal fragte sie sich, ob er es damals schon wusste. Ob er wusste, dass sie ihre Zeit brauchte. Dass sie nicht in seiner Welt lernen konnte, sondern ihre eigene finden musste.

Heute konnte sie es endlich.

Heute stand sie auf.

Aber bis der Tag *HEUTE* kam... gehen wir lieber wieder zu der kleinen Jolie zurück, und wie ihre vergangene Zeit nach dem Inliner Vorfall weiter ging.

Opa und das Cabrio

Die Schulglocke läutete zur Mittagspause, aber für Jolie fühlte es sich an, als würde die Zeit stillstehen. Sie saß im Büro des Schulleiters, das Bein ausgestreckt, während ihr Schuh langsam mit Blut durchtränkt wurde, sie trug eine graue Sandalette, es war Jolies Lieblings Schuh!

„Jolie, du kannst so nicht bleiben. Dein Fuß muss sofort von einem Arzt untersucht werden", sagte der Schulleiter streng.

Jolie seufzte und nickte. Sie wusste es ja selbst, aber sie wollte keinen Aufstand machen. Sie rief über das Sekretariat ihren Opa an.

Es dauerte nicht lange, bis sie das vertraute Brummen seines Cabrios hörte. Der dunkelblaue Wagen fuhr vor das Sekretariat der Schule, in dem sich Jolie bis eben befand, das Dach wurde automatisch geöffnet, während er elegant zum Stehen kam.

Sabi und Lena stützten Jolie, als sie langsam zum Auto humpelte.

„Boah, Jolie, das sieht echt übel aus", murmelte Lena und verzog das Gesicht, als sie erneut auf den blutverschmierten Schuh blickte.

In dem Moment stieg ihr Opa aus. Sein Blick fiel auf Jolies Fuß, und sofort veränderte sich seine Miene von konzentriert auf besorgt.

„Ach Kind! Was hast du denn gemacht?" rief er und kam schnellen Schrittes auf sie zu. *„Lange Geschichte",* murmelte Jolie, während er ihr die Schultasche von der Schulter nahm.

Opa öffnete die Beifahrertür und beugte sich leicht zu ihr hinunter. *„Komm, ich helfe dir."*

Vorsichtig stützte er sie, während sie sich ins Auto setzte. Er achtete darauf, dass ihr verletzter Fuß nicht irgendwo anstieß, und schob ihn behutsam ins Wageninnere.

Dann schnallte er sie an, als wäre sie noch ein kleines Baby aber Jolie schätze das, auch wenn sie selten Dinge ansprach, die sie schätzte...

Während der Fahrt war es kurz still. Jolie spürte, wie Opa sie immer wieder von der Seite ansah.

„Kind, du hättest mir doch gleich Bescheid geben können. Warum hast du so lange gewartet?"

„Wollte keinen Stress verursachen, Mama und Papa sind arbeiten und Oma und du hattet heute doch auch Termine gemacht", murmelte Jolie und drehte den Kopf zum Fenster.

Opa schnaubte leise. „Aber weißt du was? Manchmal darf man auch einfach sagen, wenn was wehtut."

Jolie zuckte nur mit den Schultern.

Beim Arzt hielt Opa ihre Hand, während der Verband angelegt wurde. Er ließ sie keine Sekunde aus den Augen, als ob er sicherstellen wollte, dass sie nicht noch mehr litt, als nötig war.

Ein paar Tage später humpelte Jolie immer noch durch die Schule - mit einem Verband und einer dicken Socke darüber, weil sie in keinen Schuh passte. Ihre Freunde lachten und sagten, es sähe aus, als hätte sie einen riesigen Babyfuß. Sie lachte mit, aber innerlich fühlte sie sich unwohl.

Was Jolie nie sagte... war wie dankbar sie für alle die Momente war! Ihr Opa war & ist immer eine Person gewesen zu der Jolie aufsah!

Diese ganzen Schultage wiederholten sich jahrelang, Tag für Tag, Woche für Woche, Monat für Monat, und Jolie... sie schwieg bis zur 4 Klasse! 3 Jahre lang, bis sie das erste mal ihren Eltern halbwegs sagte was los war, aber selbst dabei, verriet sie nur 5% von 100%! Ihre Eltern waren schockiert und wütend auf die Lehrer, die nie was unternommen hatten! Obwohl sie es sahen! Taten sie nichts! Mit jedem Tag zog sich Jolie weiter in sich zurück. Während andere Kinder über ihre Wochenenden sprachen, Ausflüge mit Freunden planten oder in Gruppen lachten, beobachtete sie nur still aus der Ferne. Sie wollte dazugehören, wollte auch einmal das Gefühl haben, willkommen zu sein. Doch die Angst, wieder zurückgewiesen zu werden, war stärker. Also blieb sie in ihrem eigenen kleinen Universum, gefüllt mit Gedanken, die niemand zu hören bekam. In der dritten Klasse begann das Mobbing offener zu werden. Es reichte nicht mehr, dass sie nur ausgeschlossen wurde... jetzt wurde sie zur Zielscheibe für die Langeweile und Grausamkeit der anderen. Man riss ihr die Federmappe vom Tisch, versteckte ihre Jacke oder stellte ihr ein Bein, wenn sie durch die Tür ging. Die Lehrer bemerkten es manchmal, doch wenn sie fragten, wer schuld war, schwieg Jolie. Sie wusste, dass es nichts bringen würde. Wenn sie etwas sagte, würde es nur schlimmer werden. Das Schlimmste war, dass niemand verstand, warum sie so war. Sie war nicht unscheinbar, nicht ungepflegt oder irgendwie „anders" im äußeren Sinne. Eigentlich war sie sogar hübsch, mit ihren sanften Gesichtszügen und den dunklen Augen, die viel mehr sahen, als sie sollten. Doch genau das machte es noch schwieriger. „Du bist doch hübsch, warum machst du es dir selbst so schwer?" hatte eine Lehrerin einmal gesagt, als sie versuchte, ihr Mut zu machen. Aber es ging nicht um ihr Aussehen. Es ging um dieses unsichtbare Band, das sie von den anderen trennte.
Manchmal fragte sie sich, ob es ihr eigenes Wesen war, das sie so einsam machte. Sie war tiefgründig, viel nachdenklicher als andere in ihrem Alter.

Während ihre Klassenkameraden sich über das neue Spielzeug oder die nächste Klassenfahrt unterhielten, verlor sie sich in Gedanken über die Welt, über Menschen, über das, was hinter den Worten lag. Aber wer wollte schon eine Freundin, die nicht einfach sorglos lachen konnte? Abends, wenn sie allein in ihrem Zimmer lag, spürte sie diese Schwere in ihrer Brust.

Es war kein greifbarer Schmerz, mehr eine Last, die sie jeden Tag mit sich herumtrug.

Natürlich gab es auch schöne Tage aus Jolies Kindheit, an die sie sich erinnert, nur leider blieb ihr viel mehr negatives erhalten, dennoch gab es diesen einen schönen Tag...

Ein Tag auf dem See

Jolie war sechs Jahre alt, als sie mit ihrer Oma, ihrem Opa und ihrem Cousin einen Ausflug zu einem großen See machte.

Es war einer dieser Tage, die sich warm und geborgen anfühlten, wie eine dicke Decke an einem kalten Wintertag. Ihre Erinnerungen daran waren nicht immer ganz klar, einige Details verschwammen mit der Zeit, doch das Gefühl dieses Tages - das blieb.

Es war ein schöner, sonniger Morgen, als sie alle gemeinsam ins Auto stiegen. Jolie saß neben ihrem Cousin auf der Rückbank, während Oma und Opa vorne saßen.

„Sind wir gleich da?" fragte ihr Cousin aufgeregt, während er unruhig mit den Füßen wippte.

Opa lachte und warf ihm einen Blick in den Rückspiegel zu. „Nicht mehr lange, Geduld, mein Junge! Der See läuft uns nicht weg."

Jolie grinste. Sie mochte es, mit ihrem Opa unterwegs zu sein. Er war immer so entspannt und fröhlich, während Oma dafür sorgte, dass es allen gut ging.

Als sie ankamen, funkelte das Wasser in der Sonne, und kleine Boote schaukelten sanft auf den Wellen. Jolie spürte sofort diese Aufregung im Bauch - sie liebte es, aufs Wasser zu gehen.

„Kommt, wir holen uns erstmal ein Eis!" schlug Oma vor und führte sie zu einem kleinen Stand.

Jolie und ihr Cousin drückten sich sofort die Nasen an der Glasvitrine platt.

„Ich will Schokolade!" rief ihr Cousin.

„Und ich Erdbeer!" ergänzte Jolie eifrig.

Opa bezahlte und schmunzelte. „Erster Stopp: Eis. Zweiter Stopp: Schiff!" Mit ihrem Eis in der Hand liefen sie über die Anlegestelle.

Das Schiff, auf das sie steigen sollten, war nicht groß, aber es hatte eine kleine Terrasse, von der aus man den ganzen See überblicken konnte. Als sie an Bord gingen, suchten sie sich einen Platz draußen in der Sonne.

„*Schaut mal, die Enten!*" rief Jolie begeistert und zeigte auf das Wasser.

Oma lächelte. „*Die sind bestimmt auf der Suche nach etwas zu essen. Aber wir behalten unser Eis lieber für uns.*"

Während das Schiff sanft über das Wasser glitt, blieben sie eine Weile einfach sitzen und genossen die Fahrt. Jolie lehnte sich gegen ihre Oma, die ihr sanft über den Kopf strich.

„*Weißt du, Jolie*", sagte sie leise, „*so Tage wie heute sind wichtig. Damit du immer etwas Schönes in deinem Herzen hast, wenn es mal nicht so gut läuft.*"

Jolie verstand nicht ganz, was sie meinte, das hat sie erst viel später verstanden, aber es fühlte sich warm und sicher an, und das war genug.

Nachdem sie auf dem Schiff auch noch ein Stück Kuchen gegessen hatten, legten sie wieder an und gingen durch eine große Parkanlage. Die Bäume warfen Schatten auf den Weg, Vögel zwitscherten, und überall sah man Menschen, die lachten und sich entspannten.

Plötzlich blieb ihr Cousin stehen und zeigte aufgeregt auf einen bunten Automaten.

„*Oma, Opa! Schaut mal! Ein Bagger! Ein Spielzeug-Bagger!*"

Jolie rannte sofort hinterher. „*Ich will auch! Ich will auch!*"

Opa lachte und kramte schon in seiner Tasche nach Kleingeld. „*Na gut, ihr kleinen Bauarbeiter, dann probiert mal euer Glück.*"

Jolie setzte sich zuerst in den kleinen Sitz, während ihr Cousin gespannt zusah.

Konzentriert bewegte sie die Hebel, doch der Bagger bewegte sich viel langsamer, als sie dachte.

„*Oh nein, ich bekomme nichts gegriffen!*" rief sie frustriert.

Ihr Cousin feuerte sie an. „*Los, du schaffst das!*"

Als beide Energie und Opa sein Kleingeld verbraucht hatten, lachte Oma und zog sie beide in eine liebevolle Umarmung. „*Ihr zwei habt heute aber viel erlebt.*"

Es war ein Tag voller Lachen, voller Süßigkeiten, voller unbeschwerter Momente.

Zwei Eis, ein Stück Kuchen, ein Baggerautomat – und eine Erinnerung, die für immer blieb.

Am Abend, als sie wieder im Auto saßen und zurück nach Hause fuhren, spürte Jolie, wie ihre Augen schwer wurden.

Sie lehnte sich an ihren Cousin, während Opa vorne leise eine Melodie summte.

„*Hattet ihr einen schönen Tag?*" fragte Oma leise.

Jolie lächelte, ihre Augen waren schon halb geschlossen.

„*Ja... ein ganz besonderer.*"

Und obwohl sie noch klein war und noch nicht wusste, wie wertvoll solche Tage sein würden, spürte sie tief in sich, dass sie diese Momente für immer behalten würde

– als kleine Lichtpunkte zwischen all den schweren Dingen, die manchmal das Leben mit sich brachte.

Das ist eine positive Sache als Kind, die Jolie unter vielen negativen Dingen in dem Alter im Kopf geblieben ist, neben Schikanen in der Schule war ihre Familie immer die Zuflucht für sie als sie kleiner war.

Zitat by Letizia Jolie Nicola:

„Die wertvollsten Erinnerungen sind nicht die großen Ereignisse, sondern die kleinen, vergänglichen Momente, in denen wir uns geliebt, verstanden und lebendig gefühlt haben. Sie sind es, die unser Herz für immer tragen wird."

Sie fragte sich, ob es irgendwann besser werden würde. Ob sie eines Tages nicht mehr das Gefühl haben würde, allein in einer Welt voller Menschen zu sein.

Doch im Moment blieb ihr nur die Hoffnung und die Angst, dass selbst die irgendwann verblassen könnte.

die 4. Klasse begann

Die Klassenfahrt nach Sylt hätte ein Abenteuer werden sollen. Die Lehrer erzählten von langen Spaziergängen am Strand, vom Wattwandern, von Abenden am Lagerfeuer. Doch für Jolie fühlte es sich nicht wie ein Abenteuer an. Es fühlte sich an wie ein Abschied... ein erzwungener Abschied von ihrem einzigen sicheren Ort: ihrem Zuhause.

Schon während der Busfahrt spürte sie die Angst in ihrem Magen. Sie hatte die Tage bis zur Abreise gezählt, nicht in Vorfreude, sondern in Sorge. Ihre Eltern hatten sie ermutigt: „*Das wird eine tolle Erfahrung, Jolie! Du wirst viel Spaß haben.*" Aber sie wusste es besser. Sie wusste, dass die anderen Kinder sich auf diese Reise freuten, während sie sich nur wünschte, sie könnte daheimbleiben.

Als sie auf Sylt ankamen, blies ein kalter Wind vom Meer herüber. Die anderen Kinder rannten lachend durch den Sand, jagten sich gegenseitig und ließen sich vom Wind umwerfen. Jolie stand am Rand und zog ihre Jacke enger um sich. Neben ihr stand Sabi, ihre einzige Freundin. Sabi war das einzige Kind, das ihr in der Schule Halt gab. Sie war fröhlich, aber nicht aufdringlich, hatte eine ruhige Art, die Jolie angenehm fand. Durch Sabi durfte Jolie manchmal mitspielen, durfte sich in den Pausen zu ihr setzen. Doch sie wusste, dass es für die anderen keinen Unterschied machte. Ob sie da war oder nicht... es interessierte niemanden.

Die Tage auf Sylt zogen sich endlos hin. Während die anderen das Meer bestaunten, konnte Jolie nur daran denken, wie weit sie von zu Hause entfernt war. Der Geruch des Salzwassers war für sie kein Zeichen von Freiheit, sondern von Entfernung. Jede Nacht lag sie im fremden Bett und kämpfte mit Tränen, die sie nicht weinen wollte.

Das Heimweh war überwältigend. Sie wollte zurück in ihr Zimmer, zurück zu den vertrauten Stimmen ihrer Eltern, zurück in die Sicherheit, die ihr nur ihr Zuhause geben konnte.

Sie versuchte, sich zusammenzureißen.

Sie wollte Sabi nicht belasten, wollte nicht die sein, die immer nur traurig war. Doch nachts, wenn die anderen Kinder in ihren Betten flüsterten und kicherten, drehte sie sich zur Wand und biss sich auf die Lippe, um nicht zu schluchzen. Das Gefühl, nicht hierher zu gehören, war stärker denn je. Die anderen lachten über Insider-Witze, planten Spiele, liefen Hand in Hand über den Strand. Jolie war dabei, aber nie wirklich ein Teil davon.

Es gab Momente, in denen sie mitspielen durfte... durch Sabi. Doch das Gefühl der Gleichgültigkeit, das die anderen ihr entgegenbrachten, schmerzte fast mehr als offene Ablehnung. Sie wusste, dass es keinen Unterschied machte, ob sie dabei war oder nicht. Es war, als wäre sie ein Schatten in einer Welt voller Farben.

Als die Klassenfahrt endlich vorbei war und sie zurück in ihr gewohntes Umfeld durfte, hätte sie erleichtert sein sollen. Doch stattdessen fühlte sie sich schwerer als zuvor. In diesem Schuljahr verstärkte sich ein Gedanke in ihr, den sie schon lange in sich trug:

Die Welt da draußen ist nicht für mich gemacht. Die Menschen sind nicht für mich gemacht.

Dieser Gedanke ließ sie nicht mehr los...

Kein Entkommen...

Die Schule war für Jolie schon schwer genug, doch die Nachmittage in der Tagesstätte machten es nur schlimmer. Während andere Kinder froh waren, nach dem Unterricht noch Zeit mit Freunden zu verbringen, fühlte es sich für sie an, als würde der Schultag einfach weitergehen... mit all seinen Ablehnungen, mit den ständigen Blicken und dem Wissen, dass sie hier genauso unerwünscht war wie überall sonst.

Die Tagesstätte war laut, voller Kinder, die herumrannten, schrien und miteinander spielten. Jolie hielt sich meistens im Hintergrund.

Sie wusste nicht, wo sie hingehörte, und sie wollte auch niemandem im Weg stehen. Oft saß sie allein in einer Ecke, malte oder aß einen kleinen Snack, den sie sich aus ihrer Brotdose nahm. Sie hoffte immer, die Zeit würde schneller vergehen, bis ihre Eltern sie abholten. Doch die Minuten zogen sich, und manchmal fühlte es sich an, als würde sie für immer in diesem Gebäude festsitzen. Doch ein Tag blieb für immer in ihr Gedächtnis eingebrannt... ein Tag, der alles veränderte.

Es war ein Nachmittag wie jeder andere. Jolie saß auf dem alten, weichen Sofa in der Ecke des Raums, allein mit einem Stück Apfel in der Hand. Der Betreuer, ein älterer Mann mit müden Augen, telefonierte wie so oft und schenkte den Kindern kaum Beachtung. Jolie hatte sich daran gewöhnt. Sie wusste, dass sie hier auf sich allein gestellt war. Plötzlich spürte sie Hände an ihren Armen. Zwei Brüder, beide älter und stärker als sie, packten sie grob und drückten sie nach hinten. Bevor sie reagieren konnte, sprang ihre kleine Schwester auf ihren Brustkorb und hielt ein großes Kissen auf ihr Gesicht. Die Brüder schmissen sich mitten ins Gesicht, dort saßen sie nun... auf dem Gesicht von Jolie, Panik schoss durch ihren Körper. Sie versuchte, sich zu wehren, doch die Jungen hielten ihre Arme fest. Das Kissen drückte sich auf ihre Nase, auf ihren Mund...ihr Atem wurde flach. Sie wollte schreien, doch kein Laut kam heraus. Ihr Herz raste, und sie spürte, wie ihr Körper langsam schwächer wurde.

Schwarz. Es wurde schwarz vor ihren Augen.

Sie wusste nicht, wie lange es dauerte

- Sekunden? Eine Minute? Alles, woran sie denken konnte, war, dass sie keine Luft bekam. Dass ihr Kopf dröhnte.

Dass sie sterben könnte. Mit letzter Kraft schaffte sie es, einen Arm zu befreien. Sie stieß die kleine Schwester mit all ihrer verbliebenen Energie von sich und riss sich los. Luft.

Endlich Luft! Sie schnappte nach Atem, hustete, Tränen liefen über ihr Gesicht. Ohne nachzudenken, rannte sie los

- hinaus aus dem Raum, hinein ins Badezimmer. Sie schloss sich ein, ihre Hände zitterten.

Ihr Brustkorb hob und senkte sich schnell, als könnte sie gar nicht genug Luft bekommen.

Sie wollte nicht glauben, was gerade passiert war.

Doch das Schlimmste war nicht die Angst. Nicht das Erstickungsgefühl.

Nicht der Moment, in dem sie dachte, sie würde nicht mehr aufwachen. Das Schlimmste war der Betreuer.

Er hatte daneben gestanden. Hatte telefoniert. Hatte nichts unternommen. Jolie wusste, dass sie nicht wichtig war.

Sie wusste es, weil es ihr jeden Tag gezeigt wurde. Doch an diesem Tag wurde ihr klar, dass es niemanden gab, der sie schützen würde. Niemand, außer ihr selbst.

Kapitel 2:
Neuer Anfang ohne Ende:
"Schulwechsel aber Hoffnung!"

Ein neuer Anfang?

Der Schulwechsel fühlte sich für Jolie an wie eine Rettung. Während andere Kinder mit Tränen in den Augen ihre alten Freunde verabschiedeten, stand sie mit gepackter Schultasche und einem Funken Hoffnung im Herzen. Sie musste sich von nichts und niemandem verabschieden - im Gegenteil, sie wollte nur weg. Weg von der Schule, in der sie vier Jahre lang als unsichtbar gegolten hatte. Weg von der Tagesstätte, in der sie gelernt hatte, dass selbst Erwachsene nicht immer eingreifen würden, wenn einem Unrecht geschah. Das Beste daran? Sie musste nie wieder in den Hort. Nie wieder Nachmittage voller Unbehagen, nie wieder das Gefühl, nirgendwo hinzugehören, nie wieder das Wissen, dass sie den anderen Kindern ausgeliefert war. Zum ersten Mal seit langem spürte Jolie so etwas wie Erleichterung.

Noch besser war, dass Sabi auch auf dieselbe Gesamtschule wechselte.

Und als sie erfuhren, dass sie sich als Wunschpartner für die neue Klassenzusammensetzung eintragen durften, zögerten sie keine Sekunde. Zusammen würden sie das schaffen. Zusammen würde es diesmal anders werden. Der erste Schultag war aufregend. Ein neues Schulgebäude, neue Lehrer, neue Gesichter - eine echte Chance auf einen Neuanfang. Jolie hatte sich vorgenommen, diesmal mutiger zu sein, diesmal nicht einfach nur im Hintergrund zu verschwinden. Vielleicht würde sie in dieser Schule wirklich dazugehören. Vielleicht wäre sie hier nicht mehr „*die Komische*", die, deren Anwesenheit niemanden interessierte.

Sie und Sabi saßen nebeneinander, als die Lehrerin die neuen Namen aufrief. Jolie spürte das nervöse Kribbeln in ihrem Bauch, doch es war kein unangenehmes Gefühl - es war Hoffnung.

„*Das wird gut*", flüsterte Sabi ihr zu und lächelte sie an.

Jolie wollte ihr glauben. Sie wollte so sehr glauben, dass diesmal alles anders werden würde.

Doch tief in ihr flackerte eine leise Angst - eine Angst, die sie nicht ganz loswerden konnte.

Was, wenn sich nichts änderte? Was, wenn sie auch hier nur ein Schatten blieb? Der Gedanke an den anstehenden Urlaub ließ sie sich besser fühlen! Weg von diesen Situationen!

Unser Haus in Torrevieja - Ein Stück Heimat in Spanien

15. Oktober 2013

Torrevieja - allein der Name weckte in Jolie unzählige Erinnerungen. Das Haus in Spanien war für sie mehr als nur ein Ferienort, es war ein zweites Zuhause.

Sobald sie dort ankamen, spürte sie, wie eine wohlige Wärme sie durchströmte.

Die warme Mittelmeerluft, das sanfte Rauschen des Meeres, das Summen der Grillen am Abend - all das bedeutete für sie Geborgenheit und Glück.

Besonders der Pool war ihr persönliches Paradies. Sie und ihr Cousin konnten sich stundenlang darin aufhalten, tauchten um die Wette, sprangen kunstvoll ins Wasser und versuchten sich an den verrücktesten Kunststücken. Manchmal spielten sie, wer länger unter Wasser bleiben konnte, manchmal schwammen sie um die Wette.

Doch meistens endeten ihre Wasserspiele in lautem Lachen und unzähligen Spritzereien.

Wenn sie nicht im Pool waren, dann im Meer. Jolie liebte es, durch die sanften Wellen zu schwimmen, doch ihr Cousin machte es sich zur Aufgabe, ihr jede Sekunde mit kalten Wasserspritzern zu vermiesen.

„Hör auf damit!" rief sie jedes Mal und versuchte, ihm auszuweichen, doch er war schneller und nutzte jede Gelegenheit, um sie mit einer kalten Ladung Salzwasser zu erwischen. Innerlich war sie zwar genervt, aber tief in ihrem Herzen bedeuteten ihr diese gemeinsamen Momente alles.

Ein besonderer Tag, an den Jolie sich bis heute erinnern konnte, war der 16. Oktober 2013 - der Tag, an dem sie eine völlig neue Höchstleistung im „Wasser-Rennen" aufstellte.

Es war ein wunderschöner, sonniger Nachmittag. Die Wellen waren sanft, das Wasser glasklar und türkisfarben.

Jolie und ihr Cousin schwammen ein Stück hinaus, genossen die angenehme Kühle des Meeres auf ihrer Haut und ließen sich treiben.

Ihr Cousin tauchte immer wieder hinab und versuchte, kleine Fische aufzuspüren.

Jolie dagegen hielt lieber Abstand von jeglicher Meeresbewohnern - Fische, Quallen oder gar Seeigel waren ihr unheimlich.

Und genau an diesem Tag war es soweit.

Ihr Cousin entdeckte plötzlich, dass eine große Qualle neben ihnen im Wasser trieb.

Eine völlig harmlose Qualle, aber dennoch beeindruckend groß. Er überlegte kurz, ob er Jolie warnen sollte - entschied sich aber dagegen. „*Wozu sie unnötig beunruhigen?*", dachte er sich mit einem schelmischen Lächeln.

Jolie ahnte nichts und schwamm ruhig weiter, genoss das Gefühl des kühlen Wassers und den leichten Wellengang.

Doch dann, ganz plötzlich, spürte sie ein sanftes Kitzeln an ihrer Seite. Irritiert schaute sie nach unten - und dann sah sie es.

Die Qualle.

Für einen Moment stand die Zeit still. Ihre Gedanken überschlugen sich.

„*Oh mein Gott. Eine Qualle. Eine riesige Qualle. DIREKT NEBEN MIR!*"

Ihre Augen weiteten sich panisch, ihr Atem stockte. Ohne groß nachzudenken, setzte sie zur Flucht an - doch nicht schwimmend, sondern rennend.

Jeder, der jemals versucht hat, im Wasser zu rennen, kann sich vorstellen, wie das aussah: Ein verzweifelter Kampf gegen die Strömung, während ihre Beine kaum vorankamen. Das Wasser bremste jede ihrer Bewegungen, und sie trat wild um sich, um irgendwie schneller ans Ufer zu kommen.

Ihr Cousin beobachtete die Szene amüsiert.

„*Jolie, die tut doch nichts!*", rief er ihr lachend zu.

Doch Jolie hörte nichts mehr. Ihr einziger Gedanke war: „RAUS HIER! BLOß NICHT BERÜHREN!"

Ihr Cousin Justin machte sich in aller Ruhe auf den Weg Richtung Strand, ganz entspannt, als wäre nichts gewesen. Als er schließlich ankam, ließ er sich genüsslich in den warmen Sand fallen, schloss die Augen und grinste in die Sonne. Jolie hingegen kämpfte sich keuchend an den Strand, ihre Beine zitterten von der Anstrengung, ihr Puls raste. Sie ließ sich schwer atmend in den Sand fallen.

„Nie wieder Meer." murmelte sie schließlich.

Und sie hielt ihr Wort - zumindest für diesen Urlaub.

Von diesem Tag an beschloss sie, nur noch im Pool zu schwimmen. Dort war sie sicher. Keine Fische. Keine Quallen. Keine unerwarteten Begegnungen mit Meeresbewohnern. Stattdessen schnorchelte sie lieber mit ihrem Opa oder ließ sich auf dem Rücken treiben - eine Fähigkeit, die er ihr schon früh beigebracht hatte. Das tat sie eigentlich am liebsten im Meer auf den leichten Wellen, aber in dem verbleibendem Urlaub nahm sie lieber den Pool!

Die Märkte von Torrevieja - Ein Paradies für Entdecker

Ein Urlaub in Torrevieja wäre für Jolie nicht komplett gewesen, ohne mindestens einmal über den Markt zu schlendern.

Diese Märkte waren für sie ein wahres Paradies - überall bunte Stände, der Geruch von frischem Obst, gegrilltem Fleisch und süßen Churros lag in der Luft. Überall gab es etwas zu entdecken: handgemachte Taschen mit filigranen Stickmustern, kunstvoll geschnitzte Holzfiguren, Schmuckstücke, die in der Sonne glitzerten, und kleine Souvenirs, die sie am liebsten alle mitgenommen hätte.

Jolie mochte es, sich Zeit zu lassen, alles in Ruhe anzusehen und nach kleinen Schätzen zu suchen. Ihr Cousin hingegen hatte ein ganz anderes Tempo - er rannte von Stand zu Stand, suchte gezielt nach etwas Spannendem und wurde ungeduldig, wenn Jolie zu lange vor einem Schmuck-oder Taschenstand stehen blieb.

„Jolie, beeil dich! Wir sind doch nicht auf einem Museumsbesuch!"
rief er lachend, während sie gerade eine wunderschön verzierte
Ledertasche bewunderte.

„Lass mich doch! Sowas finde ich toll!" entgegnete sie und rollte mit
den Augen.

Am liebsten hätte sie den ganzen Markt leer gekauft, doch sie
wusste, dass ihr Koffer begrenzt war - und auch das Taschengeld.
Also entschied sie sich für eine kleine, bestickte Tasche und ein
Armband mit Muschelanhängern.

Nach der Markt-Tour durfte ein Besuch in ihrem Stammrestaurant
nicht fehlen: „Otto... Onkel Otto".

Ein kleines, gemütliches Lokal, das seit Jahren zur festen Tradition
ihrer Spanienaufenthalte gehörte. Kaum hatten sie sich hingesetzt,
kam der Besitzer mit einem breiten Grinsen auf sie zu.

„Ahh, meine Lieblingsgäste! Schön, euch wiederzusehen!" begrüßte
er sie auf Deutsch mit spanischem Akzent.

Die Karte brauchten sie gar nicht - sie wussten genau, was sie
wollten. Für Jolie gab es wie immer eine Portion Hähnchen mit
Pommes, ihr Cousin entschied sich für eine riesige Pizza, und für
die Erwachsenen durfte neben ihren Gerichten eine große Platte
Schinken/Käse nicht fehlen. Natürlich spanische Schinken - Käse
Varianten!

Während sie aßen, genossen sie die laue Abendluft und das
fröhliche Treiben um sich herum. In diesem Moment fühlte sich
alles perfekt an - das gute Essen, die entspannte Atmosphäre und
die gemeinsame Zeit mit der Familie.

Die Abende in Torrevieja waren nie langweilig - Jolie und ihr
Cousin hatten ihre ganz eigene Tradition entwickelt: Wettbewerbe.
Es fing harmlos an, meistens mit einem kleinen Wettrennen ums
Haus oder einer Partie „Wer kann länger die Luft anhalten?". Doch
mit der Zeit wurden die Herausforderungen immer verrückter.

An einem Abend beschlossen sie, einen Armdrück-Wettbewerb zu
veranstalten.

Ihr Cousin war sich sicher, dass er gewinnen würde - und er hatte leider meistens Recht.

„Bereit, Jolie? Heute werde ich dich wieder besiegen!" provozierte er sie mit einem Grinsen.

„Das werden wir ja sehen! Diesmal trainiere ich seit gestern!" scherzte sie und legte entschlossen ihren Arm auf den Tisch.

Ihr Cousin lachte und ließ sie antreten.

Sie gab ihr Bestes, presste die Lippen zusammen, stemmte sich mit aller Kraft gegen seinen Arm - aber es war zwecklos.

Nach ein paar Sekunden landete ihre Hand auf dem Tisch.

„Ha! Ich bin unschlagbar!" rief er triumphierend.

Jolie verdrehte die Augen. „Ich lasse dich nur gewinnen, weil du sonst traurig wärst."

Doch damit war die Schlacht noch nicht vorbei.

Sie forderte ihn zu einem Liegestütz-Wettbewerb heraus. Beide gingen in Position, die Familie saß lachend daneben und zählte mit. Nach fünf Liegestützen begann Jolies Kraft schon nachzulassen, ihr Cousin hingegen machte scheinbar mühelos weiter. Schließlich ließ sie sich erschöpft auf den Boden fallen.

„Okay, du hast gewonnen... aber nur, weil ich heute schon so viel gemacht habe!" erklärte sie grinsend.

Ihr Cousin streckte die Arme in die Luft.

„Ich bin eben ein Naturtalent!"

Trotz der ständigen Niederlagen genoss Jolie diese Abende mit ihm. Es ging nie ums gewinnen, sondern um den Spaß, den sie zusammen hatten.

Torrevieja war mehr als nur ein Urlaubsort - es war ein Stück Kindheit, ein Ort voller glücklicher Erinnerungen. Ob es das planschen im Pool, das toben im Meer, das erkunden der Märkte oder die kleinen Wettkämpfe am Abend waren - all das machte diese Zeit so besonders.

Noch heute, wenn Jolie an Spanien dachte, fühlte sie die warme Sonne auf ihrer Haut, hörte das sanfte Rauschen der Wellen und spürte die unbeschwerte Freude, die sie als Kind in diesen Momenten empfunden hatte.

Und vielleicht, eines Tages, würde sie wieder dorthin zurückkehren - an den Ort, an dem so viele ihrer schönsten Erinnerungen entstanden sind.

Jolie lebte erst richtig wenn sie weit weg von zuhause war, weit weg von der Schule und den Menschen die das Leben dort mit sich brachte, hier war sie einfach sie selbst, umgeben von Menschen die sie liebten, einfach nur ein kleines Mädchen was glücklich leben wollte! Ein Mädchen das lachen konnte, aber was man immer seltener lachen sah!

Auch wenn ihre Oma und ihr Opa das Haus später kurz bevor die Corona Pandemie ausbrach verkauften, blieben Jolie die Erinnerungen an genau diese besonderen Tage und Momente! Und die Jahre vergingen als sie wieder zuhause waren. Es war wieder der tägliche Alltag, voll von Gespött, Hass, Wut und zu vielen weiteren negativen Gefühlen, die sie so im Alltag mit sich rum schleppte....

Die Nadel, die sie zusammenhielt

Der 24. Februar 2015 war ein grauer Tag.

Einer von denen, an denen der Himmel tief hing und die Welt in einem müden Blau versank. Doch Jolie kümmerte das nicht. Heute war Stoffhaustag - einer ihrer liebsten Tage.

Ihre Oma Ursula wartete bereits an der Tür, ihr Mantel locker über die Schultern geworfen, ein vertrautes Lächeln auf den Lippen.

„*Bereit, meine Kleine?*" fragte sie, und Jolie nickte eifrig.

Während andere Mädchen in ihrem Alter ihre Freizeit mit Nagellack, Schminke oder stundenlangen Gesprächen über Jungs verbrachten, saß Jolie lieber an der Nähmaschine mit ihrer Oma. Dort, zwischen Nadel und Faden, fand sie das, was ihr im Alltag oft fehlte - Ruhe. Sicherheit. Ein kleines Stück Kontrolle in einer Welt, die sich manchmal zu groß, zu laut, zu fremd anfühlte.

Das Stoffhaus lag mitten in der Stadt, ein Ort voller Farben, Muster und Möglichkeiten. Jolie liebte es, durch die Reihen zu streifen, mit den Fingerspitzen über glatte Baumwolle, groben Leinenstoff oder weichen Samt zu fahren. Heute suchten sie nach dem perfekten Stoff für eine Hose.

Sie wollte etwas Bequemes, etwas, das sich gut auf der Haut anfühlte. Schließlich entschied sie sich für einen Schwarz-weiß gemusterten Stoff mit feinen weißen Nähten - immer noch schlicht, aber wunderschön.

Zurück zu Hause begannen sie mit der Arbeit. Jolies Oma zeigte ihr, wie man die Muster aus Papier ausschneidet, sie auf den Stoff überträgt und alles exakt zuschneidet. Jolie liebte diesen Teil. Es war fast wie ein Puzzle - jedes Stück hatte seinen Platz, und wenn alles richtig gemacht wurde, entstand etwas Ganzes, etwas Eigenes.

Dann kam der Moment, den sie am meisten genoss: das Nähen. Sie setzte sich an die Maschine, führte den Stoff vorsichtig unter die Nadel, lauschte dem beruhigenden Summen der Maschine.

Stich für Stich nahm die Hose Form an, jeder Faden verband nicht nur den Stoff, sondern auch Jolie mit etwas Tiefem in sich selbst. Als sie fertig war, hielt sie die Hose triumphierend in die Luft. Ihre Hände waren müde, ihre Augen brannten leicht vom konzentrierten Blick, aber ihr Herz pochte vor Stolz. „Oma, schau mal!" rief sie.

Ihre Oma betrachtete das Werk, strich mit den Fingern über die Nähte, prüfte die Qualität.

Dann nickte sie anerkennend. „Perfekt, Jolie. Du hast das wunderbar gemacht."

Jolie strahlte. Dieser Moment bedeutete ihr mehr als Worte es ausdrücken konnten.

Sie wusste, dass ihre Familie keine Ahnung hatte, wie schwer es ihr manchmal fiel, außerhalb dieser vier Wände zu atmen. Sie wussten nicht, wie oft sie sich in der Schule verloren fühlte, wie oft sie sich fragte, ob mit ihr etwas nicht stimmte, weil sie sich nicht für das interessierte, was alle anderen Mädchen scheinbar liebten. Sie wussten nicht, dass sie sich oft fehl am Platz fühlte - als würde sie in eine Form gezwängt werden, die nicht zu ihr passte.

Aber hier, an der Nähmaschine, war sie einfach nur Jolie. Ohne Zweifel, ohne Druck, ohne das Gefühl, sich verstellen zu müssen. Hier war sie frei.

Und genau daran hielt sie sich fest, wenn die Tage dunkler wurden. Wenn die Gedanken schwerer wurden. Sie wusste, solange sie nähen konnte, solange sie aus losen Stoffstücken etwas Ganzes erschaffen konnte, konnte sie auch sich selbst zusammenhalten. Und vielleicht, würde sie eines Tages auch die Muster ihres eigenen Lebens so zusammensetzen, dass sie sich wirklich ganz fühlte.

15.April 2015

Jolie saß auf dem Boden ihres Zimmers und ließ ihre Finger über das weiche, leicht abgenutzte Halsband gleiten. Es roch noch immer ein wenig nach Luna
- diesem warmen, vertrauten Geruch, der sie an unzählige gemeinsame Tage erinnerte. An Spaziergänge im Park, an Nächte, in denen Luna sich an ihr Bett legte, an regnerische Nachmittage, an denen sie einfach zusammen auf der Couch kuschelten. Doch Luna war nicht mehr da.

Es war der 15. April 2015 gewesen - ein Tag, der sich tief in Jolies Herz eingebrannt hatte.

An diesem Morgen

„Jolie, komm, du kannst dich noch von Luna verabschieden", sagte ihre Mutter sanft, während sie in die Küche trat. Ihr Vater stand still daneben, seine Augen verrieten, dass auch ihm dieser Moment schwerfiel. Jolie saß am Küchentisch, ihre Arme fest um sich geschlungen. Sie wollte nicht. Sie konnte nicht.

„Ich will nicht, dass sie geht", murmelte sie und senkte den Blick.

„Ich weiß, mein Schatz", flüsterte ihr Vater.

„Aber sie hat Schmerzen... wir können sie nicht leiden lassen."

Jolie biss sich auf die Lippe. Sie wusste, dass sie recht hatten. Luna war in den letzten Wochen immer schwächer geworden. Sie hatte kaum noch gefressen, ihre Augen, die früher so voller Leben waren, wirkten müde. Der Tierarzt hatte gesagt, dass der Tumor in ihrem Kopf nicht mehr aufzuhalten war.

Doch wie sollte sie loslassen?

Langsam stand sie auf und ging ins Wohnzimmer, wo Luna lag. Die Hündin hob ihren Kopf leicht, als sie Jolie sah, und wedelte schwach mit dem Schwanz. Ihr Herz zog sich schmerzhaft zusammen.

„Hey, meine Süße", flüsterte Jolie und
kniete sich neben sie. Sie strich sanft über das weiche Fell, spürte die Wärme ihres treuen Begleiters.

Luna leckte ihr sanft über die Hand, als ob sie sagen wollte: Es ist okay.

Jolie schluckte. Ihr Kopf war voller Gedanken. Sollte sie sich verabschieden? Sollte sie weinen? Sollte sie ihr sagen, wie sehr sie sie liebte?

Aber sie tat nichts davon. Sie schaffte es nicht. Stattdessen flüsterte sie nur: „Tschüss, Luna."

Und dann stand sie auf, streichelte sie ein letztes Mal und ging zurück in die Küche.

Sie hörte, wie ihre Eltern kurz darauf mit Luna zur Tür hinausgingen. Sie hörte, wie die Tür ins Schloss fiel. Und sie wusste, dass Luna nie wieder zurückkommen würde.

Die Tage danach

Jolie verbrachte die nächsten Tage in ihrem Zimmer. Sie wollte mit niemandem reden.

Sie wollte niemanden sehen. Die Welt fühlte sich falsch an, leer, kälter als zuvor.

„Jolie, magst du was essen?" Ihre Mutter stand in der Tür.

„Nein."

„Möchtest du mit mir reden?"

Jolie schüttelte den Kopf und zog sich die Decke über den Kopf.

„Jolie, bitte... ich weiß, wie sehr du Luna geliebt hast..."

„Dann hättet ihr sie nicht mitgenommen!" platzte es aus ihr heraus, und sie merkte, wie ihr die Tränen in die Augen schossen.

Ihre Mutter trat näher. „Schatz, sie war krank..."

„Aber ich konnte mich nicht richtig verabschieden! Ich hätte ihr mehr sagen sollen! Ich hätte bei ihr sein sollen!"

Ihre Mutter setzte sich auf die Bettkante und strich ihr sanft über den Rücken.

„Manchmal gibt es keine richtigen Worte.
Und weißt du was? Luna wusste auch so, wie sehr du sie geliebt hast. Das wusste sie von Anfang an."

Jolie schluchzte leise. „Aber ich vermisse sie so sehr...

Ihr Vater kam ebenfalls ins Zimmer, setzte sich zu ihr. „*Ich weiß, mein Engel. Und das ist okay. Luna war ein Teil von dir, von unserer Familie. Sie wird immer bei dir sein, in deinem Herzen.*"

Jolie schniefte und schlang die Arme um ihren Vater.

Die Zeit vergeht, doch die Liebe bleibt

Die Tage wurden Wochen, die Wochen wurden Monate. Der Schmerz blieb, doch er veränderte sich. Jolie begann, sich an die schönen Momente zu erinnern - an die Abenteuer, die sie mit Luna erlebt hatte.

Sie schrieb Geschichten über sie, malte Bilder. Manchmal, wenn sie in einer stillen Nacht aus dem Fenster sah, fühlte sie sich, als wäre Luna noch immer irgendwo da draußen - als würde sie über sie wachen.

Denn eines wusste Jolie: *Luna würde immer ein Teil von ihr sein. Für immer.*

Als Luna starb war Jolie fast 12 Jahre alt!

Zitat by Letizia Jolie Nicola:

„Manchmal hinterlässt der Verlust nicht nur eine Lücke, sondern ein Echo, das für immer in uns nachhallt."

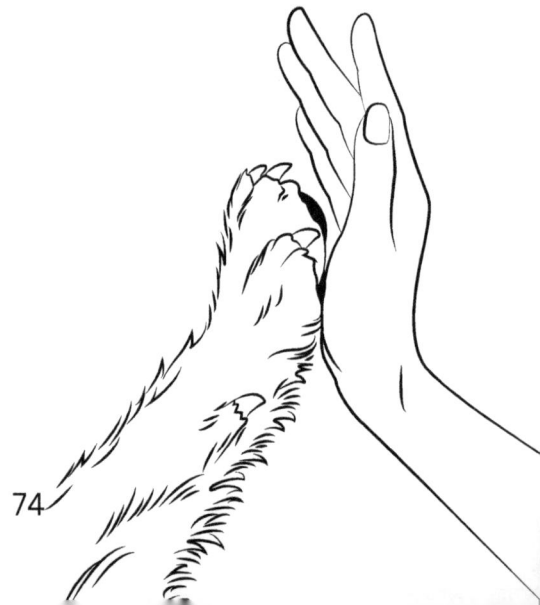

Lenni – der kleine Wirbelwind, der in unser Leben trat, nachdem Luna uns verlassen hatte.

Luna war mehr als nur ein Hund für uns gewesen. Sie war ein Familienmitglied, ein treuer Begleiter, der uns durch so viele Jahre begleitet hatte. Ihr Verlust hinterließ eine große Leere, besonders bei Jolie.

Nach ihrem *Tod, am 15. April 2015,* konnte sie sich nur schwer an das Leben ohne sie gewöhnen. Sie meinte oft, dass sie Lunas Pfoten auf dem Boden hören konnte, als wäre sie noch immer da. Es war, als hätte sie sich so sehr an ihre Anwesenheit gewöhnt, dass ihr Fehlen fast unwirklich erschien.

Wir wussten, dass kein Hund Luna je ersetzen könnte, aber vielleicht würde ein neues kleines Wunder seinen eigenen Platz in unseren Herzen finden. Also beschlossen wir, nach einem neuen Familienmitglied zu suchen – einem Hund, der ein Zuhause brauchte und uns mit seiner Liebe bereichern würde.

Und dann kam Lenni.

Geboren am 19. April 2015, nur wenige Tage nach Lunas Tod, war er ein kleines freches Hundebaby. Ein Elo – eine Mischung aus Eurasier, Bobtail und Chow-Chow. Als wir ihn zum ersten Mal sahen, konnten wir nicht anders, als uns sofort in ihn zu verlieben. Er hatte diese frechen Augen, diesen tapsigen Gang und diese unbändige Neugier, die das Herz einfach höherschlagen ließ.

Am 15. Juli 2015 war es dann so weit – wir holten Lenni zu uns nach Hause. Von der ersten Sekunde an erkundete er alles mit großer Begeisterung. Nichts war vor ihm sicher. Besonders Jolie hatte es ihm angetan – er wich ihr kaum von der Seite, folgte ihr überall hin und kuschelte sich nachts an ihre Füße. Es war, als hätte er gespürt, wie sehr sie ihn brauchte.

Jolie liebte Lenni von ganzem Herzen, doch gleichzeitig war da immer noch diese Leere, die Luna hinterlassen hatte. Sie wusste, dass kein Hund die Lücke füllen konnte, die Luna in ihrem Herzen hinterlassen hatte – aber sie wusste auch, dass Liebe kein entweder-oder ist. Und so fand Lenni seinen eigenen, riesigen Platz in ihrem Herzen, neben Luna.

Heute ist Lenni zehn Jahre alt. Zehn Jahre voller Abenteuer, voller Liebe, voller unzähliger Erinnerungen. Er ist immer noch ihr kleiner Schatz - und wird es immer bleiben.

Doch selbst wenn seit 2015 nun Jahre vergangen sind, sticht es tiefer als man meinen mag 10 Jahre... 2025!

Und der Schmerz... der bleibt! Tief, dunkel, und ein Schatten auf dem Herz von der Trauer, aber gleichzeitig ein Licht, das flackert! Ein Licht das nie verschwunden ist! Das Gefühl das Luna immer noch da ist! Und das trägt Jolie durch ihr Leben, ...

jeden Tag!

Kapitel 3:

Tod

„und plötzlich war da der Tod!"

Das erste Mal, dass jemand fort war

Jolies Erinnerungen an ihre Uroma Maria, waren leicht verschwommen.

Sie war noch klein gewesen, als sie viele Sonntage mit ihr verbracht hatte. Aber manche Erinnerungen brannten sich nicht durch Bilder ins Gedächtnis, sondern durch Gefühle. Und das Gefühl, das sie mit Oma Mariechen verband *so nannten sie alle*, war Wärme. Sonntage waren immer besondere Tage.

Es war fast ein Ritual - wenn die Familie zu ihr fuhr, dann wusste Jolie, dass es Waffeln geben würde. Frische, duftende Waffeln, die die ganze Wohnung mit süßer Wärme füllten. Dazu manchmal Windbeutel, manchmal Krapfen - und an besonders glücklichen Tagen gab es einfach alles. Die Familie versammelte sich um den Tisch, es wurde geredet, gelacht, erzählt. Und mitten drin saß Oma Mariechen, mit ihrem strahlenden Lächeln, das jeden ansteckte.

Sie hatte eine Art an sich, die Jolie immer beruhigte. Sie war der Mensch, der nie seine Ruhe verlor, der jedem mit Freundlichkeit begegnete. Natürlich wusste Jolie, dass jeder mal schlechte Tage hatte - aber in ihrer Erinnerung hatte Oma Mariechen nie welche. Sie war einfach da. Konstant.

Ein stiller Leuchtturm in der Familie.

Und dann - plötzlich - war sie nicht mehr da.

Jolie verstand es nicht. *Am 13. November 2017 starb sie.* Kurz bevor Jolie am 19. November 14 Jahre alt wurde...

Sie wusste, dass der Tod existierte.

Natürlich. Jeder wusste das. Aber es war etwas, das nur in Geschichten passierte, in Filmen oder bei Menschen, die weit weg waren. Nicht in ihrer Familie. Nicht ihrer Oma Mariechen.

Doch jetzt war er plötzlich real. Und es fühlte sich nicht so an, wie sie es sich immer vorgestellt hatte. Kein unmittelbarer Schmerz, kein unendliches Weinen. Es war viel stiller. Leerer. Ein Gefühl, als hätte jemand etwas aus der Welt genommen und niemand wusste, wie man es zurückbringen sollte.

Die Tage vergingen, und dann kam der
21. November - der Tag der Beerdigung.
Jolie hatte keine Vorstellung davon, wie so etwas ablief. Sie wusste
nur, dass alle traurig waren. Dass jeder in dunkler Kleidung kam,
leise sprach, sich vorsichtig bewegte, als wäre alles aus Glas und
könnte jederzeit zerbrechen.
Und dann war da der Raum.
Der Raum im Friedhof, in dem sich die Familie versammelt hatte.
Es war ein kühler Raum, und mitten darin stand der offene Sarg.
Jolie wusste, dass sie ihn sich ansehen konnte, aber sie wusste
nicht, ob sie das wollte.
Und doch tat sie es.
Da lag sie - Oma Mariechen.
Aber es war nicht Oma Mariechen. Nicht wirklich. Sie sah aus wie
sie, natürlich.
Ruhig, friedlich, als würde sie schlafen.
Ihre Hände waren gefaltet, ihr Gesicht so entspannt, dass es fast
wirkte, als würde sie jeden Moment die Augen öffnen.
Aber sie tat es nicht.
Und genau das machte es so schwer zu verstehen. Wie konnte
jemand da sein und gleichzeitig nicht mehr da sein? Wie konnte ein
Körper noch existieren, aber die Person darin nicht mehr?
Jolie wusste nicht, wie lange sie da stand.
Aber irgendwann konnte sie nicht mehr.
Es war zu viel. Die Stimmen, die Blicke, die Stille.
Ihr Vater bemerkte es, sagte nichts, nahm nur ihre Hand und
führte sie nach draußen.
Draußen war es kalt, der Wind biss in ihre Haut, aber das war egal.
Jolie wusste nicht, wie sie sich fühlen sollte. Traurig? Wütend?
Verwirrt? Alles auf einmal?
Und dann, ohne es zu planen, ohne es bewusst zu wollen, presste
sie sich an ihren Vater, vergrub ihr Gesicht in seinem Bauch...
damals war er noch so viel größer als sie... und dann weinte sie.

„Papa, ich verstehe nicht, wieso sie tot ist."

Ihr Vater schwieg einen Moment, legte eine große, warme Hand auf ihren Rücken. Dann sagte er leise:

„Manchmal müssen Menschen gehen, auch wenn wir es nicht verstehen."

Es war keine Antwort. Nicht wirklich. Aber vielleicht gab es auf diese Frage „Wieso sterben Menschen?!" auch keine Antwort.

Jolie wusste nur eins: Das war das erste Mal, dass jemand einfach nicht mehr da war. Dass jemand, der immer da gewesen war, plötzlich fort war, und nichts konnte das ändern.

Und es sollte nicht das letzte Mal sein.

Leider.

Doch das Lächeln von Maria blieb für immer in den Herzen der Menschen!

Kapitel 4:
„Masken aus Lächeln"
„Lach mal Jolie!"

Masken aus Lächeln

Zum ersten Mal seit Jahren fühlte sich Jolie nicht mehr allein. Neben Sabi hatte sie zwei weitere Freunde gefunden, und gemeinsam verbrachten sie die Pausen zu viert. Sie lachten, redeten über alles Mögliche und trafen sich sogar regelmäßig nach der Schule. Es waren kleine, wertvolle Momente, in denen Jolie sich fast wie ein normales Mädchen fühlte - als wäre sie doch nicht unsichtbar, als hätte sie endlich einen Platz gefunden, an dem sie willkommen war. Zum ersten Mal dachte sie, dass es wirklich besser geworden war. Dass dieser Neuanfang vielleicht doch ein echter Neuanfang war.

Ein Tag wie früher

Es war einer dieser seltenen Tage, an denen alles einfach perfekt war. Kein Stress, keine Sorgen, keine Gedanken an Schule oder an die Dinge, die Jolie nachts wachhielten. Nur sie und ihre drei Freundinnen - Sabi und zwei andere, deren Namen Jolie nicht aussprach, weil sie manche Erinnerungen lieber für sich behielt. Sie hatten sich früh am Nachmittag bei Sabi getroffen, wie früher, als alles noch unbeschwert gewesen war. Die Sonne schien, aber es war nicht zu heiß, und ein leichter Wind zog durch die kleinen Straßen des Dorfes. Es war ein ruhiger Ort, weit weg vom Lärm der Stadt, und genau das mochte Jolie so sehr daran. Zuerst hatten sie einen Film geschaut. Ein kitschiger Liebesfilm, den Sabi unbedingt sehen wollte. Jolie und die anderen hatten erst protestiert, dann aber doch mitgefiebert, gelacht und mit halbem Ernst über die Handlung diskutiert. Jolie liebte genau diese Momente - wenn sie sich einfach fallen lassen konnte, ohne nachzudenken, ohne sich anders zu fühlen. Nach dem Film beschlossen sie, nach draußen zu gehen. Sie spazierten durch die Felder und Wiesen, vorbei an alten Bauernhäusern, an kleinen Wegen, die kaum noch jemand nutzte. Es roch nach Sommer, nach frisch gemähtem Gras, und die Sonne tauchte alles in ein weiches, goldenes Licht. Jolie lief neben Sabi, ihre Schritte waren langsam und entspannt. Sie lachten über alte Geschichten, erzählten sich kleine Geheimnisse, während die anderen beiden ein Stück vorausgingen.

„Weißt du noch, als wir hier als Kinder Verstecken gespielt haben?"
fragte Sabi plötzlich mit einem Lächeln. Jolie nickte. Sie erinnerte
sich genau.

Damals war alles einfacher gewesen. „Ich hätte nicht gedacht, dass
wir irgendwann mal wieder hier sind", sagte Jolie leise.

Sabi sah sie an, ihr Blick war verständnisvoll. Sie wusste, dass es
Zeiten gegeben hatte, in denen Jolie alles infrage gestellt hatte -
auch ihre Freundschaften. Aber heute war es anders. Heute war es,
als hätte sich die Welt für einen Moment angehalten.

Jolie spürte den Frieden, den sie so oft vermisste. Das Gefühl,
irgendwo dazuzugehören, ohne sich verstellen zu müssen.

An diesem Tag gab es keine Sorgen, keine Ängste. Nur den Wind in
ihren Haaren, das Lachen ihrer Freundinnen und das Gefühl, dass
manche Dinge vielleicht doch für immer bleiben konnten.

Doch dann kamen sie.

Es waren zwei Jungen, die mitten im Schuljahr neu in ihre Klasse
kamen. Jolie beobachtete sie von Anfang an genau, denn sie hatte
früh gelernt, Menschen zu lesen. Sie wusste es einfach - sie konnte
es fühlen. Und ihr Gefühl sagte ihr sofort: Die sind nicht gut für
mich. Es dauerte nicht lange, bis sich ihre Vorahnung bestätigte.
Anfangs waren es nur kleine Sticheleien, scheinbar harmlose
Kommentare, über die die anderen lachten. Doch für Jolie waren
sie nicht harmlos. „Oh, Jolie wie die und die.." „Jolie, warum bist du
immer so still? Ach, stimmt ja, du bist ja langweilig."

Es war nie laut genug, dass es auffiel. Nie direkt genug, dass ein
Lehrer hätte eingreifen können. Aber es war da.

Immer wieder. Und es tat weh.

Jolie hätte sich wehren können. Sie hätte etwas sagen können.

Doch was hätte es gebracht? Sie wusste, dass solche Menschen nur
noch mehr Freude daran hatten, wenn sie eine Reaktion bekamen.
Also tat sie das Einzige, was sie konnte: *Sie lächelte.*

Sie war gut darin geworden, Masken zu tragen. Lächeln, wenn sie
verletzt wurde. So tun, als würde es sie nicht berühren.

Niemand durfte sehen, was wirklich in ihr vorging. Niemand durfte wissen, wie sehr sie sich manchmal nach Hause sehnte - nach einem Ort, an dem sie einfach Sie sein konnte, ohne ständig auf der Hut zu sein.

Doch auch wenn sie lächelte, spürte sie tief in sich, wie sich etwas veränderte.

Langsam, aber sicher begann sich das Gefühl der Hoffnung wieder aufzulösen.

Zu dem Zeitpunkt verliebte Jolie sich das erste mal... dazu kommen wir aber gleich noch... früh genug!

Zwei verlorene Jahre

Die achte und neunte Klasse wurden zu den schwersten Jahren, die Jolie auf der Schule durchstehen musste. Es war, als hätten die Jahre davor sie nur auf diesen Moment vorbereitet - als wäre das, was sie in der Grundschule erlebt hatte, nur ein Vorgeschmack auf das gewesen, was jetzt kam.

Die Sticheleien hörten nicht auf, sie wurden nur raffinierter. Es waren keine direkten Beleidigungen, keine offenen Angriffe, sondern kleine, unsichtbare Nadelstiche, die sich tief in ihr festsetzten. Niemand sah es, niemand bemerkte es. Für Außenstehende war Jolie einfach ein stilles Mädchen, das nicht sonderlich gut in der Schule war, das ab und zu Probleme machte in der Hoffnung, die andern würden das gut finden. Doch in Wahrheit kämpfte sie jeden Tag aufs Neue darum, nicht an den Worten ihrer Klassenkameraden zu zerbrechen. Es war die Art, wie sie über sie redeten, wenn sie dachten, sie hört es nicht.

Die Art, wie sie über ihren Namen lachten, ihn absichtlich falsch aussprachen oder sich verletzende Reime darauf ausdachten. Die Art, wie sie sich in ihrer Nähe austauschten, als wäre sie gar nicht da - als wäre ihre Anwesenheit bedeutungslos. Jolie hatte gelernt zu schweigen. Sie hatte gelernt, sich hinter ihrer Maske aus Gleichgültigkeit zu verstecken. Doch es war anstrengend. So anstrengend, dass sie manchmal das Gefühl hatte, keine Kraft mehr dafür zu haben. Und dann kam der nächste Albtraum: die Klassenfahrt. Diesmal ging es nach Eschwege, in ein Jugendheim. Es war anders als damals in der vierten Klasse, denn dieses Mal hatte sie ihre drei Freundinnen, die versuchten, sie mit ihren Plänen zu begeistern. Sie sprachen von gemeinsamen Nächten, von Ausflügen, von lustigen Momenten, die sie erleben würden. Doch Jolie konnte nur an eines denken: Ich muss mein Zuhause verlassen. Während die anderen sich auf die Fahrt freuten, spürte sie nur diese bleierne Schwere in ihrer Brust. Es war nicht die Angst vor den neuen Orten oder den Aktivitäten - es war die Angst davor, wieder in eine Umgebung geworfen zu werden, in der sie sich nicht sicher fühlte.

Eine Umgebung, in der sie den Blicken, den Worten, den unterschwelligen Gemeinheiten nicht ausweichen konnte. Sie wusste, dass ihre Freundinnen ihr beistehen würden, doch sie wusste auch, dass sie es nicht verhindern konnten.

Sie konnten ihr nicht nehmen, was tief in ihr verankert war: *Das Gefühl, dass sie niemals wirklich dazugehören würde.*

Und so stieg sie mit den anderen in den Bus, mit einem falschen Lächeln auf den Lippen und der leisen Hoffnung, dass es dieses Mal vielleicht nicht ganz so schlimm werden würde.

Doch tief in ihr wusste sie bereits: *Sie würde sich irren.*

Fluchtmodus

Kaum in Eschwege angekommen, begannen die anderen Kinder damit, ihre Koffer auszupacken, ihre Betten herzurichten und sich in den Zimmern einzuleben. Es war laut, chaotisch, überall hörte man Lachen, Stimmen, das Klappern von Reißverschlüssen und das Rascheln von Kleidung. Jolie stand inmitten dieses Durcheinanders und sah zu, wie ihre Freundinnen voller Begeisterung ihre Sachen in die Schränke legten. Sabi faltete sorgfältig ihre Pullover, während die anderen Mädchen sich gegenseitig ihre mitgebrachten Snacks zeigten. Jolie tat so, als würde sie es genauso machen. Sie beugte sich über ihren Koffer, öffnete ihn langsam - doch sie nahm nichts heraus. Stattdessen ließ sie ihn einfach offen in der Ecke stehen. So machte sie es immer.

Es war eine Gewohnheit, die sie sich unbewusst angeeignet hatte. Ihre Sachen wirklich auszupacken fühlte sich an, als würde sie sich festlegen. Als würde sie akzeptieren, dass sie hierbleiben musste. Aber solange ihr Koffer gepackt blieb, hatte sie die Illusion, dass sie jederzeit fliehen konnte. Sie wusste, dass es nicht realistisch war - wohin hätte sie auch gehen sollen? Doch allein der Gedanke daran beruhigte sie. Sie war immer bereit, zu gehen. Immer bereit, sich zurückzuziehen. Selbst an guten Tagen verging dieses Gefühl nicht. Der Fluchtmodus war ein Teil von ihr geworden.

Die Tage in Eschwege vergingen mit typischen Klassenfahrt-Aktivitäten.

Sie machten eine Nachtwanderung, bei der einige Kinder absichtlich versuchten, sich gegenseitig zu erschrecken. Jolie blieb eng bei ihren Freundinnen und hoffte, dass die Dunkelheit ihr half, sich unsichtbar zu machen. Jolie wurde schnell panisch in der Dunkelheit wie in diesem Moment: *Jolie sprang erschrocken zurück und rief panisch: „Oh mein Gott, ich bin in ein Ameisennest getreten! Die krabbeln überall - macht sie weg!"*

Am Lagerfeuer saßen alle in einem großen Kreis, während die Lehrer Geschichten erzählten und die Kinder Stockbrot ins Feuer hielten. Jolie liebte das Knistern der Flammen, das sanfte Licht, das die Gesichter der anderen umspielte. Es war spät, die Nacht umhüllte sie mit einer kühlen Stille, unterbrochen nur vom zirpen der Grillen und dem gelegentlichen knistern des Holzes.

Jolie saß mit angezogenen Beinen da, müde, aber wachsam. Sie konnte sich nie ganz entspannen, nicht einmal hier, in dieser scheinbar sicheren Runde. Ihre Augen brannten vor Müdigkeit, doch ihr Körper blieb angespannt, jederzeit bereit, falls etwas Unvorhergesehenes geschah. Der Lehrer, ein älterer Mann mit ruhiger Stimme, begann zu erzählen.

„*Es war eine Nacht wie diese, vor vielen Jahren...*" Seine Stimme war tief und gleichmäßig, und die Schüler rückten näher ans Feuer heran. „*Eine Gruppe von Wanderern verlief sich in einem Wald. Sie hatten keine Karte, kein Licht, nur die Dunkelheit um sie herum. Und irgendwann, mitten in der Nacht, hörten sie Schritte... aber niemand war zu sehen.*" Jolie spürte, wie sich ihre Haut leicht zusammenzog. Sie hasste solche Geschichten - und doch konnte sie nicht aufhören zuzuhören. „*Die Schritte kamen näher. Langsam. Schwer. Und dann... klopfte es an einen Baum direkt neben ihnen.*" Ein paar der Schüler zuckten zusammen, und der Lehrer ließ eine dramatische Pause. „*Sie riefen in die Dunkelheit. ‚Ist da jemand?' Doch es kam keine Antwort. Nur das Klopfen wurde lauter... und lauter... bis es plötzlich verstummte.*"

Jolie bemerkte, wie ihre Finger sich in den Stoff ihrer Jacke krallten.

Ihr Herz schlug schneller, aber sie ließ sich nichts anmerken. „*Und als der Morgen kam... war der Boden um ihr Lager voller tiefer Fußabdrücke. Viel zu groß für einen Menschen.*"

Die Stille nach seinen Worten war fast greifbar. Ein paar Schüler sahen sich nervös um, jemand lachte unsicher. Jolie blinzelte ins Feuer. Ihr Körper war müde, doch ihr Geist war hellwach.

Sie wusste, dass es nur eine Geschichte war.

Und doch fühlte sie sich plötzlich noch ein Stück wachsamer.

Denn in der Dunkelheit wusste man nie, was einen beobachtete.

Es war einer der wenigen Momente, in denen sie sich wohlfühlte - doch selbst da blieb die innere Anspannung und Wachsamkeit...

Dann kam der Museumsbesuch. Die anderen Kinder stöhnten genervt, rollten mit den Augen und schleppten sich gelangweilt durch die Gänge. Jolie machte mit. Sie tat so, als würde sie es auch uninteressant finden, als wäre sie ebenso unbeteiligt wie der Rest.

Doch in Wahrheit war sie fasziniert.

Sie betrachtete die alten Gemälde, die Skulpturen, die Artefakte vergangener Zeiten. Sie stellte sich vor, welche Geschichten hinter diesen Dingen steckten, welche Menschen sie einst berührt hatten. Kunst und Geschichte hatten sie schon immer interessiert - aber das durfte niemand wissen.

Sie hatte früh gelernt, dass es sicherer war, sich anzupassen.

Also verzog sie das Gesicht, wenn die anderen lachten und sagten, wie langweilig das alles sei. Sie schritt langsam hinter der Gruppe her, tat so, als würde sie sich nur aus Pflichtgefühl die Ausstellungsstücke ansehen. Doch heimlich speicherte sie jedes Detail in ihrem Kopf.

Jolie wusste längst, dass sie in zwei Welten lebte. Die eine war die äußere Welt, in der sie sich verstellen musste.

Die andere war ihre innere Welt - die einzige, in der sie wirklich sie selbst sein konnte.

Jolies Praktikum in der Lagerhalle

Ein Kampf gegen die Angst...

Mit ihren 14 Jahren wusste Jolie, dass das zweiwöchige Praktikum eine wichtige Erfahrung für ihre Zukunft sein sollte.

Doch als sie zum ersten Mal die riesige Lagerhalle betrat, in der unzählige Regale bis zur Decke mit schweren Autoteilen gefüllt waren, überkam sie eine erdrückende Beklemmung.

Die Gänge waren lang und unübersichtlich, das Summen der Maschinen und das dumpfe Scheppern von Metall verstärkten ihre innere Unruhe. Überall liefen Arbeiter geschäftig umher, unterhielten sich laut oder riefen einander zu. Niemand schien auch nur ansatzweise so angespannt zu sein wie sie.

Jolie fühlte sich fehl am Platz.

Die Angst wächst

Schon in den ersten Stunden merkte sie, dass sie mit den Menschen dort nicht zurechtkam. Die Gespräche waren rau, oft scherzten die Mitarbeiter auf eine Art, die sie nicht verstand.

Sie wusste nicht, wie sie reagieren sollte, und das machte sie noch unsicherer. Manchmal hatte sie das Gefühl, dass ihr jemand einen spöttischen Blick zuwarf, wenn sie wieder einmal nicht wusste, was sie tun sollte. Vielleicht bildete sie es sich ein. Vielleicht auch nicht. Es spielte keine Rolle - ihr Kopf machte es so oder so zu einer Katastrophe.

Mit jeder Minute wurde das beklemmende Gefühl in ihrer Brust stärker. In ihrer Verzweiflung floh sie in das Büro, in dem ihre Mutter an diesem Tag mit vier anderen Kollegen arbeitete. Tränen liefen ihr über das Gesicht, als sie vor ihrer Mutter stand.

„Mama, ich kann das nicht. Ich halte das hier nicht aus," flüsterte sie mit zitternder Stimme.

Doch anstatt Verständnis zu zeigen, sah ihre Mutter sie nur entgeistert an. Ihre Stimme war hart, als sie fragte: „Jolie, was ist dein Problem? Es ist ein ganz normaler Arbeitsplatz. Stell dich nicht so an!" Jolie hätte schreien können. Wie sollte sie erklären, dass es nicht die Arbeit selbst war, sondern das Gefühl, beobachtet, fehl am Platz und überfordert zu sein? Dass ihre Angst kein greifbarer Gegner war, sondern ein unsichtbares Monster, das sich tief in ihr festgesetzt hatte? Doch sie sagte nichts. Sie wusste, es würde nichts ändern. Nach einer Woche hatte sie genug.

Sie wusste, dass sie keine weitere Woche in dieser Lagerhalle aushalten würde. Also traf sie eine Entscheidung, die ihr noch mehr Angst machte als das Praktikum selbst: Sie brach ab. Ihre Eltern waren enttäuscht.

„Jolie, was soll aus dir nur werden, wenn du bei jeder Kleinigkeit Dinge abbrichst?" Ihr Vater schüttelte den Kopf, ihre Mutter seufzte frustriert. Sie verstanden nicht, dass es keine Kleinigkeit war. Aber Jolie wusste es. Die zweite Praktikumswoche verbrachte sie *„krank"* zu Hause. Natürlich war sie nicht wirklich krank - zumindest nicht körperlich. Doch der Gedanke, in die Schule zu gehen und erklären zu müssen, warum sie abgebrochen hatte, war unerträglich. Sie wusste genau, was kommen würde. Mitleidige Blicke. Unverständnis. Vielleicht sogar ein paar spöttische Kommentare. Also blieb sie im Bett. Sie ließ die Tage vorbeiziehen, als würde sie sich in einer Blase verstecken, in der sie niemand erreichen konnte. Aber in ihrem Inneren wusste sie, dass das Problem damit nicht verschwinden würde. Es würde immer wieder Situationen geben, in denen sie sich dieser Angst stellen müsste. Nur war sie noch nicht bereit dazu.

Mit 15 Jahren saß Jolie zum ersten Mal in einem Therapieraum. Die Kinderpsychologin lächelte freundlich, ihre Stimme war ruhig, ihr Blick verständnisvoll. Doch all das reichte nicht, um das Chaos in Jolies Kopf zu ordnen.

Man erklärte ihr, dass Kunst ihr helfen könnte. Dass sie malen sollte, um ihre Emotionen greifbar zu machen. Dass Farben, Formen und Bilder das ausdrücken könnten, wofür sie keine Worte fand. Also malte sie. Sie malte dunkle Silhouetten, die sie beobachteten. Sie malte endlose Straßen ohne Richtung. Sie malte sich selbst - klein, zerbrechlich, verloren in einer viel zu großen Welt.

Doch so sehr sie es auch versuchte, das Malen brachte ihr keine Erleichterung. Die Therapeutin suchte den Ursprung ihrer Probleme in ihrer Familie. „Wie ist die Beziehung zu deinen Eltern? Gibt es Konflikte? Wie ist dein Verhältnis zu deiner restlichen Familie, Oma, Opa, Tante, Onkel. Cousin?" Sie fragte Jolie über jede einzelne Person aus!

Doch Jolie wusste, dass es nicht an ihrer Familie lag. Der wahre Ursprung lag draußen, in der Welt. In den Menschen, die sie nicht verstand und die sie nicht verstanden. In der Angst vor Blicken, vor Kommentaren, vor der ständigen Erwartung, sich anpassen zu müssen. Und doch machte sie weiter - nicht für sich, sondern für ihre Familie.

Der Kampf um Verständnis

Jolie wusste, dass ihre Familie sie liebte. Doch sie sahen die Welt nicht mit den gleichen Augen wie sie. Für ihre Eltern war das Leben eine Abfolge von Herausforderungen, die man einfach bewältigen musste. „Du musst dich zusammenreißen." „Das Leben ist nicht immer einfach." „Jeder hat mal Angst, das ist normal."

Doch das, was Jolie fühlte, war nicht normal. Es war nicht einfach nur Angst vor einer Prüfung oder Nervosität vor einem neuen Erlebnis. Es war eine ständige, alles verschlingende Furcht. Das Gefühl, nie richtig zu sein. Nie dazuzugehören. Nie frei atmen zu können. Doch wie sollte sie das erklären?

Sie versuchte es immer wieder. Doch jedes Mal, wenn sie die Worte fand, traf sie auf Unverständnis. Auf Sätze wie:

„Das bildest du dir nur ein." „Du denkst einfach zu viel nach." Und das tat mehr weh, als es sollte.

Denn sie wünschte sich nichts sehnlicher, als dass jemand ihr einfach sagte: „Ich verstehe dich."

Die Suche nach Antworten

Ebenfalls kaufte Jolie mit 15 sich ihre ersten psychologischen Bücher. Sie las über Angststörungen, über Hochsensibilität, über soziale Phobien. Sie suchte nach Erklärungen - nach einer Diagnose, nach einem Begriff, der beschrieb, was mit ihr nicht stimmte. Vielleicht, wenn sie sich selbst verstand, konnte sie es auch ihren Eltern erklären. Vielleicht würden sie sie dann nicht mehr als „überempfindlich" oder „schüchtern" abstempeln. Vielleicht würden sie dann erkennen, dass sie nicht einfach nur „schlecht mit Menschen" war, sondern dass da etwas in ihr war, das sie nicht kontrollieren konnte. Doch egal wie viel sie las, wie viel sie verstand - die Distanz zwischen ihr und ihrer Familie blieb.

Sie konnten es nicht nachvollziehen. Sie hatten es nie erlebt. Und Jolie konnte es ihnen nicht einmal übel nehmen. Aber es tat weh.

Narben auf dem Herzen

Mit der Zeit lernte Jolie, ihre Gefühle für sich zu behalten. Warum sollte sie darüber sprechen, wenn es niemand wirklich verstehen konnte? Doch das Unverstandensein hinterließ Spuren.

Jedes Mal, wenn sie etwas sagen wollte, aber wusste, dass es sowieso niemand nachvollziehen würde, entstand eine neue kleine Wunde. Jedes Mal, wenn sie versuchte, sich zu erklären, und auf Ablehnung stieß, fügte sich eine weitere hinzu.

Und auch wenn Wunden irgendwann heilen, bleiben Narben. Narben, die man nicht sieht. Narben, die tief in Jolies Herz eingebrannt sind. Und mit jeder neuen Situation, in der sie sich unverstanden fühlte, spürte sie sie wieder.

Unsichtbar durch Mittelmaß

Jolie war nicht dumm. Im Gegenteil - sie war klug, wissbegierig und hatte ein natürliches Gespür für Zusammenhänge. Doch das durfte niemand wissen. Schon früh hatte sie erkannt, dass gute Noten nicht nur Anerkennung brachten, sondern auch Neid, Spott und Erwartungen. Wenn sie eine Eins oder Zwei schrieb, wurde sie „Streber" genannt. Wurde dazu verdonnert, die Hausaufgaben zu machen, damit andere sie abschreiben konnten. Und wenn sie sich weigerte? Dann wurde sie erst recht zur Zielscheibe. Also zog sie ihre eigene Konsequenz.

Sie ließ sich absichtlich in den Noten abrutschen. Gab Arbeiten unvollständig ab, baute absichtliche Fehler ein, ließ ganze Aufgaben aus. Und wenn die Klassenkameraden fragten, zuckte sie mit den Schultern und sagte mit gespielter Gleichgültigkeit: „Ich hab auch nur 'ne Vier... oder 'ne Fünf..."

Sie wusste, dass sie mehr konnte. Aber es war sicherer, es nicht zu zeigen. Auch im Unterricht passte sie sich an.

Sie meldete sich nicht mehr, selbst wenn sie die Antwort wusste. Weigerte sich, vorzulesen - nicht nur, weil sie Angst hatte, ausgelacht zu werden, sondern weil sie keinen Grund geben wollte, überhaupt aufzufallen.

Dazu kennt Jolie immer noch eine gewisse Unterrichtsstunde.... Ein Kampf ohne Worte so beschrieb Jolie es...

Jolie saß mit gesenktem Kopf in der letzten Reihe. Sie hatte das Buch offen vor sich, die Seiten fühlten sich vertraut an, fast wie eine warme Umarmung.

Zu Hause konnte sie in Geschichten versinken, konnte mit den Figuren fühlen, konnte die Worte auf ihrer Zunge schmecken. Aber hier, in diesem kalten, viel zu hellen Klassenzimmer, fühlte sich jedes Wort wie eine Last an.

„Jolie, lies bitte die nächste Passage vor."

Die Stimme ihres Englischlehrers, Herr Wagner, war ruhig, aber bestimmt. Jolie spürte, wie sich Blicke auf sie richteten. Ihr Herz schlug schneller. Sie wusste, was passieren würde. Es war immer das Gleiche. Wenn sie vorlas, wenn ihre Stimme zu zittern begann, wenn sie einen kleinen Fehler machte - dann kamen die Kicherer, die leisen Kommentare, das Augenrollen.

Sie schluckte. „Ich möchte nicht." Ein leises Murmeln ging durch die Klasse. Herr Wagner schob seine Brille hoch und sah sie an. *„Jolie, du weißt, dass das Vorlesen Teil der mündlichen Mitarbeit ist."* „Ich weiß." *„Und du weißt auch, was passiert, wenn du dich weigerst?"* Sie nickte. *„Eine Sechs für Arbeitsverweigerung."*

Jolie zuckte mit den Schultern. Eine Sechs. Noch eine. Was machte das schon? Eine Zahl auf dem Papier war nichts im Vergleich zu dem Gefühl, ausgelacht zu werden, das Brennen in ihrem Gesicht, das bohrende Gefühl der Scham. Herr Wagner musterte sie. *„Jolie, ich verstehe nicht, warum du das tust. Ich weiß, dass du lesen kannst. Sogar ziemlich gut."* Sie sah ihn an. Zum ersten Mal richtig. Ihre Hände zitterten leicht, aber ihre Stimme war ruhig, als sie sagte: „Weil ich nicht lesen will, wenn andere zuhören."

Einen Moment lang sagte niemand etwas. Dann atmete Herr Wagner genervt aus und sagte: „Jolie ich finde das absolut lächerlich was du hier machst, willst du einen auf COOOLLL machen oder wie?

Das ist doch alles nicht mehr normal! Immer wieder diese Verweigerungen von deiner Seite...!" Damit beendete er seine Aussage, trug eine 6 ein und ließ den nächsten lesen!

Jolie sagte nichts mehr, ihre Gedanken versuchten sich einzureden, dass er es eben nicht verstehen kann was in ihr vorging! Doch Jolie kämpfte immer wieder mit den Tränen! Auch wenn sie es gewohnt war, dass Menschen in ihrem Umfeld ihre Gedankengänge nicht verstehen, verletzte sie es dennoch! Sie wusste selber nicht immer, wieso sie manche Dinge so verweigerte. Sie hinterfragte sich oft selbst, ob da mehr hinter steckt als nur die Angst vor dem ausgelacht zu werden!

Sport? Ein Albtraum. Jolie war pummeliger als viele andere Mädchen in ihrem Alter, und sie wusste, wie schnell ein ungeschickter Moment zur Lachnummer werden konnte. Also ließ sie sich befreien, so oft es nur ging. Ein Attest, ein Verweis auf Knieschmerzen oder Kreislaufprobleme - es war leicht, Gründe zu finden, wenn man sie brauchte. Aber auch hier erinnerte sie sich genau an einen von mehreren Tagen, an denen ihre Ausrede nicht funktionierte und sie gezwungen war am Sportunterricht teilzunehmen! Jolie hasste den Sportunterricht. Es war nicht nur die körperliche Anstrengung... es war das Gefühl, beobachtet zu werden. Jeder Fehler wurde gesehen, jeder unbeholfene Schritt bemerkt. Aber an diesem Tag hatte sie keine Ausrede mehr.

Keine Erkältung, keine Kopfschmerzen, nichts, was sie davon befreien konnte. Also zog sie widerwillig ihre Sportsachen an und betrat die Halle. Heute spielten sie „Ball in der Mitte". Ein schnelles, hektisches Spiel, bei dem alle im Kreis standen und den Ball immer weiterpassten, während jemand in der Mitte versuchte, ihn zu fangen. Jolie stand am Rand, so wie immer, in der Hoffnung, dass sie übersehen wurde. Doch dann kam der Ball zu ihr.

Ihr Herz raste. Ihre Hände waren schweißnass.

Sie fing den Ball, spürte das Gewicht in ihren Fingern - und dann hörte sie schon die Rufe der anderen. „*Los, Jolie! Weiterpassen!*" Sie wollte es einfach nur hinter sich bringen. Schnell warf sie den Ball weiter. Zu hoch. Zu unkontrolliert. Ihre Mitschülerin sprang danach, aber verfehlte ihn. Genervtes Stöhnen aus der Gruppe. „*Mann, Jolie!*" Ihr Gesicht brannte. Sie biss die Zähne zusammen. Noch eine Runde. Sie wollte es diesmal richtig machen. Also konzentrierte sie sich. Sie nahm den Ball, atmete tief durch... und warf. Diesmal war es perfekt. Und dann, mitten im Chaos, spürte sie, wie alles verschwamm.

Ihr Kopf wurde leicht, ihre Knie weich. Geräusche wurden dumpf, als würde sie sie durch Wasser hören. Sie hatte sich so sehr in das Spiel reingesteigert, dass sie nicht bemerkte, wie ihre Atmung schneller geworden war, wie ihr Körper nach Ruhe schrie.

Dann wurde alles schwarz. Als sie wieder zu sich kam, lag sie auf dem Boden. Ihr Kopf pochte, und ein unangenehmes Kribbeln breitete sich in ihren Armen aus. Etwas Warmes lag auf ihren Beinen - ihre Sportlehrerin, die ihre Füße auf ihren Oberschenkeln abstützte, um den Kreislauf wieder in Gang zu bringen.

Und um sie herum? Alle. Ihre Mitschüler standen über ihr, manche neugierig, manche besorgt, manche mit diesem unangenehmen Ausdruck im Gesicht, den sie hasste - Mitleid. Jolie wollte einfach nur verschwinden. „*Alles okay, Jolie?*" Die Stimme ihrer Lehrerin klang gedämpft. Jolie nickte mechanisch. Aber es war nicht okay. Es war der schlimmste Moment überhaupt. Irgendjemand holte Wasser. Jemand anderes fragte, ob sie den Krankenwagen rufen sollten. Jolie schüttelte panisch den Kopf. Nein. Kein Aufsehen. Bitte nicht. Nach ein paar Minuten ließ die Lehrerin ihre Beine langsam herunter, half ihr vorsichtig hoch. „*Denkst du, du schaffst den restlichen Schultag?*" Nein. Auf keinen Fall.

„*Ich... ruf meinen Vater an*", murmelte sie. Die Lehrerin nickte. „*Gute Idee.*"

Jolie schleppte sich in die Umkleidekabine, griff nach ihrem Handy und tippte mit zitternden Fingern eine Nachricht an ihren Vater. „*Kannst du mich abholen?*" Es dauerte nur ein paar Minuten, bis er antwortete. „*Bin gleich da.*" Er sagte nicht viel, als sie ins Auto stieg. Fragte nur, ob es ihr gut ging. Sie nickte.

Wie immer. Den Rest der Woche blieb sie zu Hause.

Keine Schule. Keine neugierigen Blicke. Keine unangenehmen Fragen. Es war nicht das erste Mal, dass sie sich zurückzog. Und es würde nicht das letzte Mal sein. Sie hatte sich selbst in eine Rolle gedrängt. Eine, in der sie sicher war. Doch dann passierte etwas, das ihre Maske kurz ins Wanken brachte. In der achten Klasse nahm die Schule an einem Mathematik-Wettbewerb teil. Ihre Lehrerin schrieb sie ohne ihr Wissen ein. Und weil es nicht um Noten ging, weil keiner aus ihrer Klasse dabei war, ließ sie sich darauf ein. Sie rechnete, löste Aufgaben, dachte in Mustern, die sie immer geliebt hatte.

Und sie gewann. Jolie, das Mädchen mit den angeblichen Vierern und Fünfern, gewann den Wettbewerb. Die Lehrerin war begeistert. Ihre Eltern waren stolz. Doch Jolie selbst spürte nur eines: Panik. Es dauerte nicht lange, bis sich die Nachricht in der Klasse verbreitete, ehrlich gesagt war sogar der ganze Jahrgang in der Aula verteilt, als es bekannt gegeben wurde! Die ersten spöttischen Bemerkungen ließen nicht auf sich warten: „*Ach, auf einmal kann sie Mathe?*" - „*Hä, hast du uns die ganze Zeit verarscht?*" - „*Boah, du hättest uns ja auch mal helfen können.*" Jolie lachte gequält, zuckte mit den Schultern. Spielte es herunter. Tat so, als wäre es ein Zufall gewesen, Glück, ein dummer Zufallstreffer. Und sie wusste, was sie tun musste: Nie wieder durfte sie sich so verraten. Nie wieder durfte jemand sehen, wer sie wirklich war.

Jolie könnte so viele Dinge erzählen die ihr in der Schule passiert sind die sie nie vergessen wird, die Liste ist unzählig lang... selbst in Vorträgen sprach sie immer mit zittriger Stimme, außer an ihrer letzten Prüfung!

Jolies größter Halt in all den Jahren war ihre allerbeste Freundin Sabi! .... Unzertrennlich seit dem Kindergarten. Während andere Freundschaften kamen und gingen, war Sabi immer da gewesen. Egal, ob es ein schlechter Tag in der Schule war, ob Jolie sich mal wieder von allem zurückziehen wollte oder ob sie einfach nur jemanden brauchte, der verstand, ohne viele Worte zu brauchen - Sabi war da.

Eine ihrer liebsten Traditionen war das gemeinsame Shoppen. Stundenlang konnten sie durch die Läden ziehen, lachen, Outfits anprobieren und sich am Ende fast immer für einen Partnerlook entscheiden. Es war ihr Ding. Egal, ob Hoodies, Sneakers oder süße Sommerkleider - wenn eine es hatte, brauchte die andere es auch. *„Glaubst du, wir sind zu alt für Partnerlooks?"* fragte Jolie einmal, als sie mit Sabi vor dem Spiegel in einer Umkleidekabine stand. Beide trugen das gleiche beige Oversize-Shirt mit einer kleinen Stickerei auf der Brust. Sabi sah sie mit hochgezogenen Augenbrauen an. *„Sind wir zu alt füreinander?"*
Jolie lachte. *„Natürlich nicht."* *„Dann sind wir auch nicht zu alt für Partnerlooks."* Das war Sabi. Direkt, ehrlich, und immer auf ihrer Seite.

Kurz vor dem Urlaub kauften sie ihre Konfirmations Kleider. Sie suchten sich zwei wunderschöne Kleider aus - Jolie entschied sich für ein langes Dunkelblaues Kleid mit ein Glitzerband um die Taille, Sabi entschied sich für ein weißes Kleid Knielang, mit einem süßen Blumenmuster. Es war ein neuer Abschnitt. Ein symbolischer Tag.
Als Jolie 13 wurde, nahm ihre Familie Sabi mit in ihr Ferienhaus in Spanien. Aber erstmal hieß es zwei Wochen Sonne, Meer und absolute Freiheit. Sie liefen barfuß durch die kleinen Straßen des Küstenstädtchens, kauften sich Churros mit Schokoladensoße und ließen sich die Sonne auf die Gesichter scheinen. Die warme Sommerluft roch nach Salz und Sonnencreme, während sich die letzten Strahlen der Abendsonne langsam im Meer spiegelten.

Das Wasser war ruhig, sanfte Wellen rollten an den Sandstrand und küssten ihre Füße, während sie lachend nebeneinander herliefen.

„*Komm schon, Jolie!*", rief Sabi, zog sich nicht einmal die Schuhe aus, bevor sie losrannte. Jolie lachte, rannte hinterher, ihre Schuhe in den Händen, während die kühle Meeresluft durch ihre Haare wehte. Dann geschah es - ein Sprung, ein Aufschrei, ein Platschen. Mit ihren Klamotten landeten sie beide mitten in den Wellen. Das Wasser umschloss sie, kühl und belebend, doch ihre Körper fühlten sich warm an vor lauter Lachen. Jolie tauchte auf, strich sich das nasse Haar aus dem Gesicht und sah zu Sabi, die ebenfalls lachend nach Luft schnappte. „*Lass uns irgendwann hier wohnen, Sabi. Immer solche Tage haben.*" Sabi blinzelte das Salzwasser aus den Augen und grinste. „*Deal.*" Es war einer dieser Momente, die sich anfühlten, als könnten sie ewig dauern. Als gäbe es nichts anderes auf der Welt als jetzt. Der perfekte Tag hatte schon am Morgen begonnen. Sie waren in einem riesigen Einkaufszentrum gewesen, hatten sich - wie immer - Partnerlook gekauft. Sabi hatte sich ein pinkes Top ausgesucht, also nahm Jolie dasselbe. Jolie fand eine kurze blaue Jeans Hose , also nahm Sabi dieselbe. Unzertrennlich. Wie immer. Nach stundenlangem stöbern, lachen und anprobieren waren sie hungrig geworden - und dann kam das größte Schnitzel, das sie je gesehen hatten. Mit Jolies Eltern saßen sie draußen in einem kleinen spanischen Restaurant, die Luft warm, die Teller voll, und sie lachten über alles und nichts.
Glücklich. Einfach nur glücklich.

Doch die Zeit in Spanien ging langsam zu Ende, und zu Hause wartete ein großes Ereignis auf sie: Ihre Konfirmation. Aber noch waren sie an diesem Abend, in Spanien, mit nassen Haaren und klitschnassen Klamotten, dachten sie nicht an morgen. Sie dachten nur an das Meer. An den Sand.

An die Sterne, die langsam über ihnen auftauchten. An ihre Freundschaft. Und daran, dass sie immer hierher zurückkehren würden.

Abends lagen sie auf der Terrasse, blickten in den sternenklaren Himmel und redeten über alles. Über die Schule, über Jungs (obwohl das Thema für Jolie und Sabi eher nebensächlich war), über Zukunftsträume. *„Wenn wir erwachsen sind, ziehen wir zusammen"*, sagte Sabi plötzlich. Jolie drehte den Kopf zu ihr. *„Wirklich?"* *"Ja. Ich mein's ernst. Warum sollten wir das nicht tun? Dann müssen wir uns nie voneinander verabschieden."*

Jolie lächelte. In diesem Moment war sie sich sicher, dass es für immer so bleiben würde. Sabi war nicht nur ihre beste Freundin - sie war ihre Schwester, ihr sicherer Hafen, ihr Zuhause.

Wenn es darauf angekommen wäre, wäre Jolie für sie gestorben. Ohne zu zögern. Aber noch wichtiger war: Für Sabi wollte sie leben. Denn was niemand zu dieser Zeit wusste... ist das Jolie psychisch krank war! Sie versuchte sich seit ihrem 12 Lebensjahr mehrfach das Leben zu nehmen. Doch sie hatte mehr Angst vor dem Tod, als davor, mit Mobbing oder Ängsten zu leben. Doch immer wieder stand sie vor dem Gedanke *„Leben oder Tod!"* Es war ein ewiger Kampf, von dem lange Zeit niemand etwas wusste! Wie sie an Brücken stand, wie sie im 10 Stock eines Hochhauses stand und über die Brüstung klettern wollte oder wie sie versuchte, immer tiefere Wunden an ihren Pulsadern am rechten Arm zu schneiden, wenn die Nacht angebrochen war, weil sie alles nicht mehr aushielt!

Selbst Sabi wusste nicht wie schlecht es um Jolies psychische Gesundheit stand!

Zitat by *Letizia Jolie Nicola:*

„Wahre Freundschaft ist mehr als gemeinsame Erinnerungen oder schöne Momente. Sie ist das Band, das hält, wenn die Welt zerbricht. Sie ist das leise Verstehen inmitten von Lärm, das Auffangen ohne zu fragen, das Bleiben, wenn alle anderen gehen. Eine tiefe Freundschaft bedeutet, dass man sich nicht verstellen muss - dass jemand dein Chaos kennt und dich trotzdem als Wunder sieht."

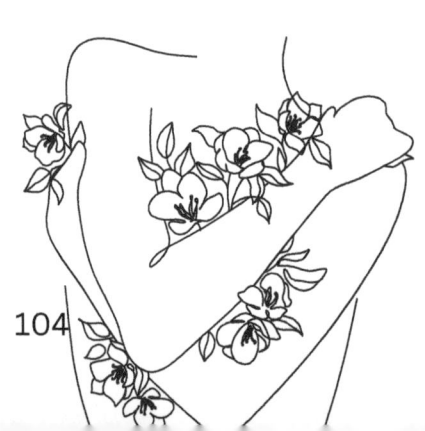

Kapitel 5:

„Camp des Himmels und Jolies Angst"

„der Glaube dahinter!"

Bevor der gesagte Tag kam *die Konfirmation* hatte sie noch die Hürde zu überwinden in ein Konfirmanden-Champ zu gehen!

Himmelsfels - Eine Woche zwischen Zweifel und Hoffnung

Jolie hätte schon weinen können, als das Auto noch nicht einmal zum stehen gekommen war. Der Weg, der vor ihr lag, war nicht nur ein tatsächlicher Aufstieg - er fühlte sich auch wie ein Symbol für das an, was sie in dieser Woche erwartete: ein steiler, anstrengender Pfad, an dessen Ende sie nicht wusste, was auf sie zukommen würde.

Neben ihr saß Sabi, ihre beste Freundin, die wie immer versuchte, ihr Mut zu machen.

„Wird bestimmt cool", meinte sie mit einem lächeln, als sie ausstiegen und sich ihren Koffer schnappten. Doch Jolie spürte, wie sich die Panik in ihr ausbreitete. Ihr Herz klopfte schneller. Sie wollte hier nicht sein.

Vor ihnen lag die schmale Brücke, die den Eingang zum Camp markierte. Dahinter führte ein steiler Weg nach oben, eingerahmt von hohen Bäumen, die ein dichtes Blätterdach bildeten. Der Wald war überall.

Jolie schluckte. Sie hatte keine Angst vor Bäumen - aber vor dem, was darin lauerte: Spinnen, Insekten, Schatten.

Als sie schließlich oben ankamen, sahen sie die Holzhütten, die für die Woche ihr Zuhause sein würden. Das Holz war alt, der Geruch leicht muffig. Drinnen gab es kaum Platz - zwei Etagenbetten aus Holz, ein offener Raum, sechs Leute in einer Hütte.

Jolie ließ den Koffer neben sich fallen und zog die Schultern an.

„Alles okay?" fragte ihre Betreuerin, eine freundliche junge Frau namens Alina, die vielleicht 17 oder 18 war.

Jolie nickte nur kurz. Es war nicht okay, aber sie wollte es nicht sagen. Sabi war bei ihr, das war das Einzige, was zählte.

Zwischen Glauben und Zweifeln

Jeden Tag gab es feste Programmpunkte.

Morgens, mittags und abends versammelten sich alle im großen Gemeinschaftszelt. Der Leiter, ein energischer Mann mit tiefer Stimme, las aus der Bibel vor. Es ging um Nächstenliebe, um Vertrauen, um das Gefühl, getragen zu werden.

„Gott ist immer bei uns, auch wenn wir ihn nicht sehen. Es geht nicht darum, ihn mit den Augen zu erkennen, sondern mit dem Herzen."

Jolie hörte die Worte, doch sie drangen nicht wirklich zu ihr durch. Ihr Herz war zu voll mit anderen Dingen - mit Angst, mit Unsicherheit.

Die Lieder, die gesungen wurden, hallten durch das ganze Camp.

„Halleluja", sangen sie alle, ihre Stimmen mischten sich zu einem einzigen Klang. Manchmal sang Jolie mit, einfach weil alle es taten. Aber fühlte sie etwas dabei? Sie wusste es nicht.

Der erste Nachmittag - Küchenchaos

Gleich am ersten Nachmittag wurden Jolie und Sabi zusammen mit zwei anderen Konfirmanden zum Küchendienst eingeteilt.

Sie standen in der kleinen Spülküche und schrubbten Teller, während draußen 60 bis 70 andere Kinder lachten, redeten oder über den Platz rannten.

„Das ist doch bescheuert", murmelte Jolie und rieb mit der groben Bürste über einen fettigen Teller.

„Geht schon, ist ja nur für eine Stunde", meinte Sabi, während sie mit Schaum kämpfte.

Die beiden anderen, zwei Mädchen namens Maria und Laura, schienen sich noch nicht ganz sicher zu sein, ob sie reden sollten. Doch nach einer Weile fing Maria an: *„Also, wer von euch glaubt wirklich an Gott?"*

Die Frage hing im Raum.

„Ich weiß nicht", sagte Laura zögernd.

„Manchmal glaube ich, aber manchmal fühlt sich das alles so weit weg an."

Jolie sah zu ihr rüber. „Ja. Genau das."

Maria nickte nachdenklich. „Ich glaube schon, aber irgendwie... nicht so, wie die hier das meinen. Ich glaube, dass Gott da ist, aber nicht, dass man ihn unbedingt fühlen muss, um zu wissen, dass er da ist."

Jolie dachte darüber nach. „Aber wenn man ihn nie fühlt... wie soll man dann wissen, dass er da ist?"

Es entstand eine kurze Pause. Dann zuckte Maria mit den Schultern. „Manchmal muss man einfach vertrauen."

Jolie wusste nicht, was sie davon halten sollte. Vertrauen war schwer, wenn man nicht wusste, worauf man sich einließ.

Nächte voller Gedanken

Die Hütte war kalt in der Nacht. Es war still, bis auf das gelegentliche knarren des Holzes und das Rascheln der Blätter draußen. Jolie lag auf ihrer Matratze, die Decke bis zum Kinn gezogen. Sie konnte nicht schlafen.

Sabi lag neben ihr, atmete ruhig. Es war beruhigend, sie hier zu wissen.

Draußen im Wald knackte ein Ast. Jolie hielt den Atem an. Ihr Herz raste. War es nur ein Tier? Oder...? Sie zwang sich, die Augen zu schließen.

Jeden Abend, wenn die Dunkelheit kam, fühlte sie sich noch weiter weg von allem.

Von Zuhause, von Sicherheit - und vor allem von sich selbst.

Der Wendepunkt

Am vorletzten Abend saßen sie alle um ein großes Lagerfeuer. Die Flammen warfen zuckende Schatten auf die Gesichter der Betreuer und Konfirmanden. Die Stimmung war ruhiger als sonst.

Alina, ihre Betreuerin, setzte sich neben Jolie.

„Du bist viel in Gedanken, oder?"

Jolie zuckte zusammen. Sie hatte nicht gemerkt, dass jemand sie beobachtete.

„Ja... Ich weiß einfach nicht, ob ich hier richtig bin."

Alina lächelte sanft. „Du bist hier, also bist du richtig hier. Es geht nicht darum, sofort alles zu verstehen. Es geht darum, dass du dir die Zeit nimmst, Fragen zu stellen."

Jolie sah in die Flammen.

„Ich weiß nicht mal, welche Fragen ich stellen soll."

„Dann fang damit an: Was würdest du Gott sagen, wenn du wüsstest, dass er dir zuhört?"

Jolie dachte nach. Dann sagte sie leise: „Warum fühle ich mich so oft allein, auch wenn Leute um mich sind?"

Alina nickte. „Das ist eine gute Frage."

Sie schwiegen eine Weile.

Dann sagte Alina: „Vielleicht ist Gott nicht in dem Gefühl der Einsamkeit - sondern in den Menschen, die versuchen, dich zu verstehen."

Jolie sah zu ihr auf. Sie dachte an Sabi, an Laura, an Maria. An all die Menschen, die sie in dieser Woche kennengelernt hatte. Vielleicht war Glaube nicht immer ein großes, überwältigendes Gefühl. Vielleicht war er manchmal einfach nur... das Wissen, dass man nicht alleine ist.

Und vielleicht war das genug.

Als die Woche vorbei war, ging es bald schon los...

Die Konfirmation stand an!

Jolie stand vor dem großen Spiegel in ihrem Zimmer und betrachtete sich selbst. Ihr dunkelblaues Konfirmationskleid war schlicht, aber wunderschön. Es fiel leicht über den Boden, mit einem dezenten Glitzergürtel an der Hüfte. Ihre Mutter hatte ihr die Haare zu sanften Wellen gestylt, und ein kleines silbernes Kreuz schmückte ihre Halskette. Sie sollte sich schön fühlen. Sie sollte sich freuen. Aber stattdessen spürte sie nur eines: *Angst*. Ihr Herz pochte viel zu schnell, ihre Hände waren schwitzig, und in ihrem Magen hatte sich ein unangenehmer Knoten gebildet.

Sie wusste, dass sie im Mittelpunkt stehen würde - dass heute alle Augen auf sie gerichtet sein würden. Die Gemeinde, ihre Familie, die Freunde, die anderen Konfirmanden. Alle würden sie ansehen, wenn sie nach vorne trat, wenn ihr Name aufgerufen wurde, wenn sie sich vor dem Altar hinkniete. *„Jolie, bist du fertig?"*

Die vertraute Stimme ihrer besten Freundin Sabi riss sie aus ihren Gedanken. Sie drehte sich um und sah Sabi in der Tür stehen. Ihre beste Freundin trug ein weißes Kleid mit einem schönen Blumenmuster, ihre braunen Locken waren locker zurückgesteckt, und sie lächelte Jolie aufmunternd an. „Ich..." Jolie zögerte, nahm einen tiefen Atemzug und senkte den Blick. *„Ich bin so nervös, Sabi. Ich weiß nicht, ob ich das schaffe."*

Sabi trat näher und legte ihre Hände beruhigend auf Jolies Schultern. *„Jolie, das wird unser Tag! Wir haben so lange darauf hingearbeitet. Und hey, du bist nicht allein... wir machen das zusammen."*

Jolie sah sie an, suchte in ihren Worten nach Sicherheit. Und wie so oft schaffte es Sabi, ihr Mut zu machen. Sie war immer die Stärkere von ihnen gewesen, die Selbstbewusstere. Sie wusste, dass Sabi sich nicht darum kümmerte, ob andere sie ansahen oder beurteilten. Jolie wünschte, sie könnte genauso sein. *„Und falls du Panik bekommst, dann schau einfach zu mir rüber"*, fuhr Sabi fort und zwinkerte. *„Ich werde immer neben dir sein, okay?"*

Jolie nickte zögernd. *„Okay."*

Der Gottesdienst beginnt

Die Kirche war voll. Mehr Menschen, als Jolie erwartet hatte, saßen auf den Holzbänken, unterhielten sich leise, warteten auf den Beginn des Gottesdienstes.

Der Duft von Kerzen und frischen Blumen erfüllte den Raum. Die hohen Buntglasfenster warfen sanftes, farbiges Licht auf den Boden. Jolie stand mit den anderen Konfirmanden in einer Reihe und wartete darauf, dass die Zeremonie begann. Ihre Knie fühlten sich weich an, ihr Magen war noch immer ein einziger Knoten.

„Vergiss nicht: *Schau einfach zu mir rüber*", flüsterte Sabi leise und stieß sie sanft mit der Schulter an.

Jolie schaffte es, ihr ein kleines Lächeln zu schenken.

Dann erklangen die ersten Orgelklänge, und der Pastor trat nach vorne. Die Zeremonie begann.

Der entscheidende Moment.....!!!

Nach den Gebeten, den Liedern und der Predigt kam der Moment, vor dem Jolie sich am meisten gefürchtet hatte: Die Konfirmanden mussten nacheinander nach vorne treten, um gesegnet zu werden. Jolies Herz schlug so laut, dass sie glaubte, alle könnten es hören. Sie sah, wie die anderen Jugendlichen einer nach dem anderen aufgerufen wurden, sich vor den Altar knieten, gesegnet wurden und wieder aufstanden. Dann war Sabi an der Reihe.

Jolie beobachtete, wie ihre Freundin sich mit aufrechtem Gang nach vorne bewegte, als hätte sie keine einzige Sorge auf der Welt. Sabi kniete sich hin, erhielt ihren Segen, stand auf - und drehte sich auf dem Rückweg zu Jolie um, um ihr einen aufmunternden Blick zuzuwerfen. Und dann hörte Jolie ihren eigenen Namen.

Ein Kribbeln breitete sich in ihrem Körper aus, als sie sich langsam in Bewegung setzte. Ihre Beine fühlten sich schwer an, ihr Kopf wie in Watte gepackt. Sie wusste, dass sie beobachtet wurde.

Atmen, Jolie. Schau zu Sabi.

Sie hob den Blick - und da war sie. Sabi, die am Rand stand und ihr ein ermutigendes Lächeln schenkte.

Jolie nahm all ihren Mut zusammen, kniete sich hin und schloss die Augen, während der Pastor ihr die Hand auf den Kopf legte und die Segensworte sprach. In diesem Moment, mit dem warmen Kerzenlicht um sie herum und der beruhigenden Stimme des Pastors, fühlte sie sich plötzlich... ruhig.

Als sie aufstand und zurück zu ihrem Platz ging, war die Anspannung nicht ganz verschwunden - aber sie war erträglich.

Und als sie sich wieder neben Sabi setzte, spürte sie, wie ihre Freundin ihre Hand unter der Bank kurz drückte.

Wir haben es geschafft.

Die Feier danach: Ein Abend voller Emotionen!

Nach der feierlichen Zeremonie in der Kirche versammelten sich Jolie, ihre Familie und Freunde in einem gemütlichen, dörflichen Gasthaus. Der große Festsaal war liebevoll dekoriert - weiße Tischdecken, frische Blumen in zarten lila Tönen, und Kerzen, die ein warmes Licht auf die fröhlichen Gesichter warfen. Die Besitzer des Gasthauses hatten ein großes Buffet vorbereitet, mit allem, was das Herz begehrte: von herzhaften Braten und Knödeln bis hin zu feinen Salaten und köstlichen Nachspeisen. Jolie mochte die Atmosphäre. Es fühlte sich irgendwie besonders an, alle Menschen, die ihr wichtig waren, an einem Ort versammelt zu wissen. Aber gleichzeitig... war sie sich ihrer eigenen Präsenz viel zu bewusst. Heute war sie der Mittelpunkt. Sie konnte sich nicht einfach in den Hintergrund zurückziehen, wie sie es sonst tat.

Geschenke, Dankbarkeit und eine unvergessliche Rede

Nach dem Essen begann das, was sie am meisten fürchtete: Die Geschenke wurden überreicht. Jolie liebte es, Geschenke auszupacken... das Kribbeln der Vorfreude, die Überraschung, was sich wohl darin verbergen würde. Aber das Gefühl, dass alle sie dabei beobachteten, machte es ihr schwer, sich wirklich zu freuen. Trotzdem gab sie sich Mühe, jedem Einzelnen ein ehrliches Lächeln zu schenken und sich herzlich zu bedanken.

Und dann kam der Moment, den sie nie vergessen würde - *ihre Rede.* Sie stand auf, das Glas mit Orangensaft und einem Hauch Sekt in der Hand, und spürte, wie ihr Herz raste. Ihre Hände wurden feucht, ihre Knie fühlten sich weich an. Aber sie wusste: *Sie musste das jetzt tun.* Sie räusperte sich, blickte in die erwartungsvollen Gesichter und setzte an:

„*Danke an euch alle, dass ihr so zahlreich erschienen seid, und auch für die vielen Geschenke, die ihr mitgebracht habt!"* Kurze Pause.

„*Es bedeutet mir wirklich viel, diesen besonderen Tag mit euch teilen zu können."*

Ihr Blick wanderte kurz zu ihrer Mama, die ihr unauffällig ein aufmunterndes Nicken schenkte.

Jolie hatte das Gefühl, sie würde gleich in der Ecke bewusstlos zusammenbrechen, aber sie zwang sich, das Glas zu heben und einen kleinen Schluck zu trinken - von ihrem ersten alkoholischen Getränk.

Orangensaft mit einem Schuss trockenem Sekt.

Sie verzog sofort das Gesicht und stellte das Glas wieder ab.

„Das schmeckt absolut nicht, ich weiß nicht, wie ihr sowas immer trinken könnt!" murmelte sie und erntete Gelächter von den Erwachsenen. Ein stolzes Gefühl!

Der Abend verging schneller, als sie es erwartet hatte. Sie führte Gespräche, lachte mit ihrer Familie, beobachtete, wie ihre älterer Cousin Witze erzählte, und ließ sich von ihrer Familie herzen und beglückwünschen.

Und obwohl sie sich die ganze Zeit unwohl in dieser Aufmerksamkeit fühlte, wusste sie am Ende des Tages eines:

Sie hatte es geschafft.

Sie hatte sich ihrer Angst gestellt. Sie hatte sich dem Mittelpunkt nicht entzogen. Sie hatte eine Rede gehalten, obwohl ihr Herz fast aus ihrer Brust gesprungen war.

Als sie sich in ihr Bett legte, spürte sie eine ungewohnte Zufriedenheit in sich. Ja, es war ein anstrengender Tag gewesen. Ja, sie hatte sich oft überwältigt gefühlt.

Aber sie war nicht daran zerbrochen.

Und das machte sie stolz.

Unabhängig davon wie stolz sie auf sich war, gab es eine Zeit nach diesem Tag... eine Zeit die ihr später noch schwer in den Knochen sitzen würde! Ich wünschte die frühere Jolie hätte gewusst was alles passieren würde! Um sich selbst aufzuhalten...

Dazu kommen wir bald!

Aber erst gab es da noch die Glowcon 2014!

Glowcon 2014 - Der Tag, der alles veränderte

Es war ein kühler, aber sonniger Morgen im Jahr 2014, als Jolie gemeinsam mit ihrer besten Freundin Sabi, ihrer Mama und ihrer Godel voller Aufregung nach Düsseldorf fuhr. Der Grund für ihre Vorfreude? Die Glowcon, eine der angesagtesten Beauty-Messen des Jahres! Schon seit Wochen hatten sie diesem Tag entgegengefiebert, Stunden damit verbracht, Pläne zu schmieden, welche Stände sie besuchen und welche YouTube-Stars sie unbedingt treffen wollten. Für Jolie war es mehr als nur ein Messebesuch - es fühlte sich an wie der Eintritt in eine Welt, die sie bisher nur durch ihren Handybildschirm erlebt hatte.

Als sie schließlich an den großen Messehallen ankamen, war die Atmosphäre elektrisierend. Überall standen Gruppen von Mädchen mit glänzenden Augen, voller Vorfreude darauf, ihre Idole zu treffen. Die riesigen Werbebanner, auf denen bekannte Beauty-Influencer zu sehen waren, schimmerten in der Morgensonne, und aus den Lautsprechern dröhnte angesagte Musik. Es fühlte sich an wie eine Mischung aus Festival und Modenschau - und Jolie liebte es.

Schon beim Betreten der Halle wurden sie von einem Meer aus bunten Lichtern, großen Messeständen und stylischen Influencern empfangen. Überall gab es neue Produkte zu entdecken - von luxuriösen Hautpflege-Serien über schimmernde Highlighter bis hin zu limitierten Make-up-Kollektionen. Zahlreiche Marken verteilten kostenlose Goodies, und die vier konnten ihr Glück kaum fassen, als sie mit immer mehr Tüten voller Beauty-Produkte durch die Hallen schlenderten.

Doch das wahre Highlight des Tages sollte noch kommen: *die Begegnung mit den YouTube-Stars!*

Jolie und Sabi hatten sich genau überlegt, wen sie treffen wollten - und die Liste war lang. *BibisBeautyPalace, Dagi Bee, Shirin David* und viele weitere bekannte Gesichter waren angekündigt, und für die beiden war es kaum zu glauben, dass sie ihre Idole endlich in Echt sehen würden. Als sie in der langen Schlange standen, um ein Selfie mit Dagi Bee zu ergattern, konnte Jolie das Kribbeln in ihrem Bauch kaum ignorieren.

Um sie herum kreischten Fans, überall wurden Handys in die Luft gehalten, und das Blitzlichtgewitter war atemberaubend.

Und dann, plötzlich, stand sie direkt vor ihnen: Dagi, strahlend, fröhlich und genauso herzlich, wie sie es in ihren Videos immer war. Jolie war kurz sprachlos, doch als sie gemeinsam mit Sabi ein Foto machte und Dagi ihnen ein paar liebe Worte mit auf den Weg gab, wurde ihr eines klar - diese Menschen, die sie so bewunderte, waren auch nur ganz normale Menschen. Aber sie hatten eine Stimme. Eine Stimme, die sie nutzten, um andere zu inspirieren, zu unterhalten und zu bewegen.

Es war genau dieser Moment, der etwas in Jolie veränderte.

Zum ersten Mal fragte sie sich nicht nur, wie es wohl wäre, selbst Social Media zu machen - sie wusste plötzlich, dass sie es wollte. Nicht nur, um über Beauty und Trends zu sprechen, sondern um ihre eigene Stimme zu nutzen. Vielleicht, *um Menschen zu helfen, um sie zu motivieren, um etwas Gutes in die Welt zu tragen.*

Als sie später mit Sabi, Mama und Godel noch einmal durch die Halle schlenderte, ihre vollen Goodie-Bags in der Hand und das Glück noch immer auf ihren Gesichtern, wusste sie, dass dieser Tag nicht einfach nur ein schöner Ausflug gewesen war.

Es war der Tag, an dem sie beschloss, ihren eigenen Weg zu gehen. Die Glowcon 2014 hatte nicht nur Spaß gemacht - sie hatte Jolie inspiriert. Und während sie an diesem Abend in ihrem Bett lag, das Handy mit all den neuen Fotos in der Hand, war in ihrem Kopf nur ein einziger Gedanke:

„*Ich will meine Stimme nutzen. Und ich werde es tun.*"

Sie fing auch an, aber schämte sich noch, weiter zu machen weil ihre Mitschüler sagten „*Jolie du denkst auch du wirst Fame...*" und lachten sie dafür aus! Also machte sie nur ab und zu mal was.

Ihr wahrer Durchbruch kam erst später!

Es gab dann aber doch andere Tage an denen sie einen sehr wichtigen Teil von sich verlor und sie war selbst dran schuld, diesen einen Tag, bereute Jolie ihr restliches Leben, selbst Jahre später, gab sie sich jeden Tag die Schuld für den Verlust von Sabi...

Sabi war nicht tot... sie war aufgrund Jolie's größtem Fehler einfach kein Teil ihres Lebens mehr...

Jolie wusste, dass es falsch war. Sie wusste es die ganze Zeit. Aber manchmal ist es leichter, eine Lüge zu glauben als sich einzugestehen, dass man gerade dabei ist, etwas zu zerstören, das einem mehr bedeutet als alles andere.

Es hatte harmlos angefangen. Diese andere Freundin - deren Namen Jolie nie wieder aussprechen wollte - hatte Dinge gesagt, die Jolie vorher nie hinterfragt hatte.

„Sabi engt dich total ein." „Hast du mal gemerkt, dass du immer machst, was sie will?" „Du bist ohne sie nichts. Findest du das normal?" Jolie hatte widersprochen. Zuerst. Sie hatte gelacht und gesagt, dass das nicht stimmt. Aber mit der Zeit hatte sich dieser kleine Zweifel in ihr festgesetzt. Wie ein dunkler Fleck, der größer wurde, je länger sie hinsah. Was, wenn Sabi sie wirklich unterdrückte? Was, wenn Jolie nur nicht merkte, dass sie ausgenutzt wurde? Es war ein Gedanke, der sich wie Gift in ihr ausbreitete. Und dann, ohne wirklich darüber nachzudenken, hatte sie es getan. Sie hatte Sabi die Freundschaft gekündigt.

Ohne eine richtige Erklärung. Ohne eine letzte Umarmung.

Jolie sah Sabis verletzten Blick noch vor sich. Die Art, wie ihre Augen glänzten, wie sie den Kopf schüttelte, als würde sie es nicht glauben. *„Jolie... was machst du da?"* „Jolie hatte es durchgezogen. Sie hatte sich umgedreht und war gegangen, als wäre es ihr egal. Aber es war nicht egal. Seitdem schlief sie schlecht. Jede Nacht lag sie wach, wälzte sich hin und her, fühlte diesen dumpfen Schmerz in ihrer Brust. Sie wusste, dass sie sich manipulieren lassen hatte. Das Sabi die Einzige gewesen war, die immer für sie da war. Und trotzdem hatte sie es zerstört. In der Schule spielte sie die Starke. Sie tat so, als wäre es die richtige Entscheidung gewesen. Sie lachte mit den anderen, machte auf unbeteiligt, wenn jemand Sabis Namen erwähnte. Sie durfte nicht verletzt sein.

Denn es war ihre eigene Schuld. Und das war das Schlimmste daran.

Seit einem Jahr war es nun so. Ein ganzes Jahr voller Lügen, voller Schuld, voller Nächte, in denen Jolie weinend im Bett lag und nicht wusste, wie sie das alles noch aushalten sollte.

Ein Jahr, in dem sie so tat, als wäre es die richtige Entscheidung gewesen.

Als wäre sie über alles hinweg. Doch das war sie nicht.

Sabi war nicht einfach irgendeine Freundin gewesen. Sie war ihre **beste** *Freundin*. Ihre Schwester. Die Einzige, die wirklich verstand, wer Jolie war - selbst dann, wenn Jolie es selbst nicht verstand.

Und Jolie hatte sie verraten. Für was? Für ein paar leere Worte von jemandem, dessen Namen sie nicht einmal mehr aussprechen wollte. Für ein bisschen mehr Aufmerksamkeit von Leuten, die ihr nie das geben konnten, was Sabi ihr gegeben hatte. *Jolie hasste sich dafür.* Sie hasste sich, weil sie es zugelassen hatte. Weil sie weggesehen hatte, obwohl sie wusste, dass die Dinge, die ihr eingeredet wurden, nicht wahr waren. Und vor allem, weil sie nicht stark genug gewesen war, um sich zu wehren. Und jetzt? Jetzt war es zu spät.... *fast*....

Die neunte Klasse war fast vorbei. Bald würden alle in die Prüfungen gehen. Danach würde sich alles verändern. Andere Schulen, andere Wege. Wenn Jolie es jetzt nicht richtigstellte, dann vielleicht nie mehr. Aber sie hatte Angst. Angst davor, dass es nichts brachte. Angst davor, dass Sabi ihr nicht mehr verzeihen würde - und dass sie es auch gar nicht sollte. Denn wie könnte sie? Trotzdem saß Jolie eines Abends auf ihrem Bett, ihr Handy in der Hand, der Bildschirm leuchtet von einer einzigen geöffneten Nachricht. Sabis Name stand oben. Ihr Herz pochte, als sie tippte. Ihre Finger zitterten.

"Hey... *ich weiß, ich bin die Letzte, von der du hören willst. Ich weiß auch, dass ich wahrscheinlich nicht mehr das Recht habe, dir zu schreiben. Aber ich halte es nicht mehr aus. Sabi, es tut mir leid. Für alles.*

Für das, was ich gesagt habe. Für das, was ich getan habe. Ich verstehe, wenn du mir nie wieder antworten willst, aber... falls du es doch tust... können wir vielleicht reden?"

Sie zögerte. Löschte die Nachricht fast wieder. Doch dann, bevor sie es sich anders überlegen konnte, drückte sie auf *Senden*.

Und wartete. *Eine Stunde verging. Zwei. Drei. Keine Antwort.*

Jolie legte das Handy weg, versuchte zu schlafen - aber sie wusste, dass sie in dieser Nacht kein Auge zumachen würde.

Am nächsten Morgen nahm sie ihr Handy in die Hand, noch bevor sie überhaupt richtig wach war. Noch immer keine Antwort.

Und dann, nach Tagen des Wartens, in denen Jolie immer wieder auf den Bildschirm sah, ohne Hoffnung - kam eine Nachricht.

Lass uns reden. Unsere alte Eisdiele. Morgen?" Jolies Herz setzte für einen Moment aus. Sie hatte es sich so sehr gewünscht. Aber jetzt, wo es wirklich passieren sollte, hatte sie Angst.

Was, wenn sie nicht die richtigen Worte fand? Was, wenn nichts, was sie sagen konnte, etwas wiedergutmachte? Und noch schlimmer - was, wenn sie selbst nie lernen würde, sich zu verzeihen? Am nächsten Tag:

Sabi trat ein. Ihr Blick war ruhig, aber distanziert. Nicht feindselig, nicht wütend - einfach anders. Jolie wusste nicht, ob das besser oder schlimmer war. Für einen Moment saßen sie nur da, sahen sich an, sagten nichts. Dann atmete Sabi leise aus und bestellte sich ein Eis, als wäre das hier ein ganz normales Treffen. Als wären sie nicht zwei Menschen, die sich einmal alles bedeutet hatten und dann plötzlich Fremde wurden. Jolie war die Erste, die sprach. Ihre Stimme war leise, fast unsicher. „Ich weiß nicht, wo ich anfangen soll." Sabi rührte in ihrem Eis, hob dann den Blick. „Dann fang einfach irgendwo an." Und das tat Jolie. Sie erzählte. Von den Zweifeln, die nie ihre eigenen waren, von den falschen Worten, die sie gesagt hatte, um dazuzugehören. Von den Nächten, in denen sie weinend wach lag und nicht wusste, wie sie ohne Sabi leben sollte. Sabi hörte zu. Sie unterbrach nicht.

Erst als Jolie fertig war, stellte sie leise ihre Schale weg und sagte: „Ich hab das alles nicht verstanden. Ich hab dir nie was getan. Und trotzdem hast du mich weggestoßen." Jolie senkte den Blick. „Ich weiß." „Und dann hast du mich ausgelacht." Das war der Moment, in dem es Jolie fast zerriss. Sie schüttelte den Kopf, als könnte sie die Erinnerung damit vertreiben. „Ich wollte dazugehören... ich wollte nicht, dass sie mich auch so behandeln. Ich weiß, dass das keine Entschuldigung ist. Und ich weiß, dass ich dir wehgetan habe."

Sabi sah sie lange an. Dann nickte sie. „Ja. Hast du." Es tat weh, das zu hören. Aber es war die Wahrheit, und Jolie wollte nicht länger vor ihr davonlaufen. Sie redeten noch eine Weile. Über damals. Über das, was sie danach gemacht hatten. Darüber, wie sich alles verändert hatte. Es war kein magischer Moment, in dem sich plötzlich alles wieder richtig anfühlte. Aber es war ein Anfang. Dennoch wurde es nie wieder wie früher.

Selbst nach der Gesamtschule blieben sie auf Abstand. Vielleicht, weil zu viel Zeit vergangen war. Vielleicht, weil es Wunden gab, die nicht heilten, egal wie sehr man es wollte. Sie trafen sich in den nächsten fünf Jahren nur noch drei Mal - auf einen Kaffee, ein Essen im Sommer. Höflich, freundlich. Fast so, als wären sie nie mehr gewesen als Bekannte.

Aber Jolie vergaß es nie. Es gab keinen Hass zwischen ihnen. Kein Groll. Nur diese unausgesprochene Mauer, die zwischen ihnen stand. Eine Mauer, die Jolie selbst gebaut hatte. Und egal, wie viele Jahre vergingen - sie sah es immer noch als den größten Fehler ihres Lebens. Jolie verlor nie den Wunsch, das es ein Comeback von den beiden geben würde... aber vielleicht war es für Sabi auch einfach zu spät...! Doch Jolie verlor nie die Hoffnung, schrieb Sabi jedes Jahr zu ihrem Geburtstag, an Weihnachten, an Silvester! Und auch wenn Sabi immer antwortete, fühle Jolie eine Leere, die sie nicht füllen konnte! Als wäre ein Teil von ihr wirklich gestorben!

Ein Sommertag voller Erinnerungen mit meiner Tante

Die Sonne schien warm vom Himmel, als das schwarze Cabrio mit offenem Verdeck durch die Stadt fuhr. Jolie ließ den Wind durch ihre Haare wehen, während sie neben ihrer Tante auf dem Beifahrersitz saß. Sie liebte diese Ausflüge mit ihr - sie waren einfach sehr sehr selten, aber immer etwas Besonderes.

Heute stand ein Friseurbesuch auf dem Plan, denn abends war ein großer Familiengeburtstag.

„Ich sag's dir, Jolie, heute machen wir mal was anderes mit deinen Haaren!", rief Jolies Tante über das Rauschen des Windes hinweg.

Jolie lachte und rollte mit den Augen. „Du bist wieder mal mutiger als ich!"

„Ach, du bist immer so brav mit deinem Mittelscheitel. Heute machen wir dich ein bisschen frecher!"

Sie parkten in einem Parkhaus nicht weit entfernt vom Friseur, es war ein schicker Friseursalon mit großen Fenstern, durch die man die Stylisten bei der Arbeit sehen konnte. Ein warmer Duft von Shampoo und Haarspray schlug ihnen entgegen, als sie den Salon betraten.

„Ah, herzlich willkommen!", begrüßte sie die Friseurin mit einem freundlichen Lächeln.

„Was darf's denn heute sein?"

Jolies Tante legte sofort los: „Meine Nichte braucht mal eine kleine Veränderung! Ich dachte an einen schönen Seitenscheitel mit Wellen - etwas Volumen und Glanz!"

Jolie rutschte unbehaglich auf ihrem Stuhl hin und her. „Eigentlich mag ich meine Haare so, wie sie sind "

Jolies Tante legte den Arm um sie. „Aber nur für heute! Du wirst sehen, es wird dir stehen!"

Die Friseurin schmunzelte. „Na, dann wollen wir mal! Erst waschen wir dein Haar und dann zaubern wir dir ein richtig schickes Styling."

Jolie ließ es geschehen.

Die warmen Wasserstrahlen auf ihrer Kopfhaut waren angenehm, und die Kopfmassage ließ sie für einen Moment entspannen. Dann begann die Friseurin, ihr Haar zu föhnen und einen tiefen Seitenscheitel zu ziehen.

„Ooooh wooow , *das sieht jetzt schon ganz anders aus!*", rief die Tante begeistert.

Jolie blickte skeptisch in den Spiegel. „*Es fühlt sich so... fremd an.*"

Die Friseurin lachte. „*Abwarten! Jetzt kommen die Wellen.*"

Mit einem Lockenstab zauberte sie sanfte, elegante Wellen in Jolies Haar. Dann kam die letzte Zutat: eine großzügige Ladung Haarspray.

„*Und?*", fragte Jolies Tante mit funkelnden Augen.

Jolie betrachtete sich im Spiegel. Ihr Haar glänzte, die Wellen fielen weich über ihre Schultern, und der Seitenscheitel gab ihrem Gesicht eine ganz andere Wirkung.

„*Es sieht... anders aus. Erwachsener.*" Antwortete Jolie mit nicht ganz begeistertem Blick!

„*Genau! Perfekt für den heutigen Abend.*" sagte ihre Tante.

Jolie seufzte, dann lächelte sie. „*Na gut, für dich mach ich's.*"

Ihre Tante drückte ihre Hand. „*Weißt du, du bist wunderschön - egal, ob mit Mittelscheitel oder Seitenscheitel. Aber manchmal ist es schön, etwas Neues auszuprobieren.*"

Jolie nickte. Sie sagte selten, was sie fühlte, aber in diesem Moment wusste sie: Ihre Tante bedeutete ihr mehr, als sie je in Worte fassen konnte. Und wenn sie ihr mit ein paar Wellen und Haarspray ein Lächeln ins Gesicht zaubern konnte, dann war es das wert.

8 Klasse

Jolies Praktikum bei Rossmann:

Jolie stand vor der großen Glastür der Rossmann-Filiale und atmete tief ein. Heute begann ihr zweiwöchiges Praktikum, doch irgendetwas fühlte sich nicht richtig an. Sie schob die Unsicherheit beiseite, richtete ihre Jacke und trat ein.

Drinnen war es hektisch. Mitarbeiter eilten mit Kartons umher, Kunden warteten an der Kasse, und überall hörte man das Piepen der Scanner. Unsicher blieb Jolie stehen.

Niemand schien sie zu beachten.

Nach ein paar Minuten ging sie vorsichtig auf eine Verkäuferin zu, eine Frau mit braunen Haaren und genervtem Gesichtsausdruck.

„Ähm, hallo? Ich bin Jolie, die Praktikantin."

Die Frau schaute sie verwirrt an.

„Praktikantin? Davon weiß ich nichts."

Ein unangenehmes Gefühl machte sich in Jolies Magen breit.

„Die Chefin meinte, ich soll heute hier anfangen."

Die Verkäuferin verdrehte die Augen.

„Warte hier." Ohne ein weiteres Wort drehte sie sich um und verschwand in einem Hinterzimmer.

Jolie blieb unsicher stehen. Die Minuten vergingen, und niemand kümmerte sich um sie. Schließlich tauchte eine andere Frau auf - offenbar die Filialleiterin.

„Ach, du bist das!" rief sie mit übertriebener Freundlichkeit.

„Tut mir leid, ich habe ganz vergessen, Bescheid zu sagen. Naja, dann komm mal mit."

Ohne auf eine Antwort zu warten, drehte sie sich um und ging schnellen Schrittes los. Jolie folgte ihr hastig.

Kaum hatte sie den hinteren Bereich betreten, wurde sie in ein Chaos aus Hektik geworfen. *„Hier, pack das aus. Stell das ins Regal. Beeil dich!"* riefen verschiedene Stimmen durcheinander. Sie bekam kaum Anweisungen, nur Befehle.

Jolie bemühte sich, alles richtig zu machen, doch die Atmosphäre war kalt, lieblos - als wäre sie gar nicht da. Nach einigen Stunden war sie völlig erschöpft.

Als sie sich gerade einen Moment im Pausenraum ausruhen wollte, trat ein junger Mann an sie heran.

„Na, du bist neu hier, oder?" sagte er mit einem grinsenden Blick. Jolie nickte nur.

„Hübsch bist du ja. Vielleicht sollte ich dir mal alles genauer zeigen." Er rückte näher.

Jolie erstarrte. Sein Blick machte sie unruhig, sein Lächeln war unangenehm.

„Nein, die Kollegin wollte mir gleich alles zeigen!", sagte sie leise.

„Ach komm schon, keine Angst. Ich bin ein netter Kerl."

Er grinste weiterhin, doch bevor er noch etwas sagen konnte, trat eine ältere Mitarbeiterin hinzu. „Gibt es ein Problem?" fragte er kühl. Der junge Mann hob die Hände.

„Alles gut, wir unterhalten uns nur." Dann verschwand er in den Gängen.

Jolie spürte, wie ihr Herz raste. Sie wollte nur noch weg.

Am vierten Tag traf sie eine Entscheidung.

Als sie morgens in die Filiale kam, hielt sie kurz inne. Sie erinnerte sich an das, was sie sich selbst geschworen hatte: Wenn jemand mich schlecht behandelt, gehe ich.

Sie sagte ihrer Chefin, dass sie gehen würde, dann drehte Jolie sich um, verließ den Laden und ging nach Hause.

Ihre Mutter war überrascht, als sie Jolie so früh sah.

„Was ist passiert?"

Jolie holte tief Luft. „Ich habe abgebrochen.

Es war furchtbar dort. Keiner wusste, dass ich komme, ich wurde herumkommandiert, und... da war dieser Typ.."

Die Augen ihrer Mutter wurden ernst. „Hat er dir etwas getan?"

Jolie schüttelte den Kopf. „Nein, aber es war schlimm genug. Und ich habe entschieden, dass ich nicht bleiben muss, wenn es mir schlecht geht."

Jolie wusste das es eine Lüge war, aber sie wollte nicht, dass ihre Mutter sich unnötig Sorgen machte!

Ihre Mutter nickte langsam. „*Manchmal ist Gehen die beste Entscheidung. Du hast auf dich selbst gehört, und das ist stark."*

Jolie spürte, wie eine Last von ihren Schultern fiel. Sie hatte nicht versagt. Sie hatte sich selbst beschützt. Und das war mehr wert als jedes Praktikum.

Und dann kam auch schon die 9 Klasse....

Als es am Ende der neunten Klasse hieß, dass die Hauptschulabschluss-Prüfungen anstanden, spürte sie eine seltsame Leere in sich. Sie wusste, dass sie eigentlich viel mehr konnte. Doch sie hatte sich über Jahre hinweg so sehr daran gewöhnt, mittelmäßig zu sein, dass sie gar nicht mehr wusste, wie es anders ging. Sie kam nicht mehr aus ihrem Muster heraus. Während andere in Panik gerieten und plötzlich anfingen zu lernen, ließ sie es über sich ergehen. Sie tat das, was sie immer getan hatte: das Nötigste. Gerade so viel, dass sie durchkam, aber nicht genug, um aufzufallen. Am Ende bestand sie - knapp. Ihr Durchschnitt lag bei 3,2%. Keine Katastrophe, aber auch nichts, worauf man stolz sein konnte. Jolie hätte sich darüber ärgern können. Hätte sich Vorwürfe machen können, warum sie nicht mehr gegeben hatte. Doch stattdessen fühlte sie nur Gleichgültigkeit. Was spielte es noch für eine Rolle? Die Schule war danach ohnehin vorbei. Niemand würde sich mehr für ihre Noten interessieren. Und tief in ihr war da immer noch dieses eine Gefühl, das sie schon so lange begleitete: Es hätte sowieso keinen Unterschied gemacht.

Die verpasste Chance

Jolie dachte, es würde keinen Unterschied machen. Doch sie irrte sich. Als sie am letzten Schultag ihr Abschlusszeugnis in den Händen hielt und den Durchschnitt von 3,2% sah, war es, als würde ihr langsam bewusst werden, was sie angerichtet hatte. Sie hatte sich eingeredet, dass ihre Noten egal waren, dass es keinen Unterschied machte, ob sie eine Vier oder eine Zwei schrieb - aber jetzt sah sie schwarz auf weiß, was ihre jahrelange Selbstsabotage ihr eingebrockt hatte. Der Realschulabschluss war greifbar nah gewesen. Sie hätte ihn an ihrer alten Schule machen können, gemeinsam mit Sabi. Sie hätten weiter zusammen die Pausen verbracht, zusammen gelernt, zusammen den nächsten Schritt ins Leben gemacht.Doch stattdessen war es jetzt vorbei. Sabi durfte bleiben - Jolie nicht. Sie hatte das Gefühl, aus ihrem eigenen Leben herauskatapultiert zu werden.

Noch während ihre Mitschüler sich verabschiedeten, während einige sich freuten, andere wehmütig wurden, stand Jolie still inmitten der Menge und spürte, wie sich ein Kloß in ihrem Hals bildete. Sie hätte sich in diesem Moment ohrfeigen können. All die Jahre hatte sie sich versteckt, hatte sich absichtlich kleingemacht, um nicht aufzufallen - und nun zahlte sie den Preis dafür.

Doch es gab kein Zurück. Jolie musste nach vorne blicken.

Sie wusste, dass ihre Familie stolz auf sie sein wollte, und sie wollte ihnen zeigen, dass sie es trotzdem schaffen konnte. Also suchte sie nach einer Alternative. Eine Berufsschule bot ihr die Möglichkeit, den Realschulabschluss innerhalb von zwei Jahren nachzuholen. Zwei Jahre - das ist doch machbar, redete sie sich ein.

Sie versuchte, sich einzureden, dass es vielleicht sogar besser war. Vielleicht war es Schicksal. Vielleicht war es eine neue Chance, ein Neuanfang, den sie so dringend brauchte.

Und vor allem dachte sie, dass die Menschen dort reifer sein würden. Hier sind keine Kinder mehr, sagte sie sich. Hier interessiert es niemanden, wie du früher warst. Keiner wird dich auslachen, keiner wird dich ignorieren. Zum ersten Mal seit langer Zeit verspürte sie so etwas wie Hoffnung. Doch sie sollte sich täuschen. Denn kaum hatte sie die ersten Wochen auf der Berufsschule hinter sich, wurde ihr klar, dass sich nichts geändert hatte. Die Menschen waren nicht reifer - sie waren nur älter. Die Sticheleien, die unterschwelligen Gemeinheiten, das Getuschel - all das existierte auch hier. Und schlimmer noch: Hier kannte sie niemanden. Sie war wieder die Außenseiterin.

Wieder saß sie in der Pause oft allein.

Wieder fiel es ihr schwer, sich einzufügen. Wieder merkte sie, wie sich die Unsicherheit tief in ihr ausbreitete.

Und das Schlimmste?

Sie hatte das Gefühl, dass sie sich selbst verraten hatte. Sie hatte geglaubt, dass sich alles zum Besseren wenden würde, wenn sie nur woanders neu anfing. Doch jetzt erkannte sie, dass das Problem nicht nur die Umgebung war - es war auch das, was tief in ihr selbst steckte.

Die Angst.

Die Angst, wieder verletzt zu werden.

Die Angst, wieder zu versagen.

Die Angst, dass es niemals anders werden würde.

Kapitel 6:

„Die Dunkle und Tiefe Abhängigkeit!"

„und der Weg danach!!"

Ein Funke Hoffnung oder doch nicht?

Ein Jahr war vergangen.

Ein Jahr voller Fehlzeiten. Ein Jahr voller Tage, an denen Jolie einfach nicht konnte. An denen sie morgens aufwachte, das Gewicht der Welt auf ihren Schultern spürte und wusste, dass sie es nicht schaffen würde. Also blieb sie zu Hause.

Mal war sie wirklich krank - mal war es nur der Kopf, der ihr einredete, dass sie es nicht ertragen konnte, unter Menschen zu sein. Die lauten Stimmen, die belanglosen Gespräche, die ständigen Blicke. Sie hatte zu oft erlebt, dass Menschen ihre Worte als Waffen benutzten, und sie konnte es an manchen Tagen einfach nicht riskieren, erneut getroffen zu werden.

Also schwänzte sie. Sie wusste, dass es falsch war. Dass sie dadurch nur noch mehr Stoff verpasste, dass sie sich selbst die Möglichkeit nahm, irgendwann wirklich anzukommen. Aber es war einfacher, nicht da zu sein. Jolie war zu diesem Zeitpunkt schon seit 2,5 Jahren in einer Beziehung! Doch die Beziehung hielt nicht aus Liebe sondern aus reiner Abhängigkeit! Wie es dazu kam? Fangen wir mit Jolie mal vor 2,5 Jahren an! Als Jolie IHN kennenlernte... Sie trafen sich oft, hatten Spaß zusammen, sie verstanden sich gut *(Jolie war zu dem Zeitpunkt 14 Jahre alt)* Jolie war nie ein Mädchen, das sich schnell verliebte. Vertrauen fiel ihr schwer, Nähe machte ihr Angst. Doch als sie ihn kennenlernte, war es anders. Er war charmant, aufmerksam, witzig - alles, was sie sich immer gewünscht hatte. Und vor allem gab er ihr das Gefühl, endlich gesehen zu werden. Es begann wie eine dieser perfekten Liebesgeschichten. Er schrieb ihr jeden Morgen eine Nachricht, fragte, wie es ihr ging, wollte alles über sie wissen. Jolie fühlte sich besonders. So, als hatte sie endlich jemanden gefunden, der sie verstand. Doch was sie nicht bemerkte: Er beobachtete sie nicht aus Liebe, sondern aus Kontrolle. Anfangs waren es nur Kleinigkeiten.

„Warum antwortest du so spät? Bist du mit jemand anderem beschäftigt?" „Das Kleid steht dir nicht. Du solltest lieber etwas tragen, das mir gefällt." Jolie nahm es nicht ernst. Vielleicht meinte er es nur gut. Vielleicht wollte er sie einfach beschützen.

Doch nach und nach begann sie, sich zu verändern.

Sie schrieb sofort zurück, wenn er sich meldete, egal, was sie gerade tat. Sie zog nicht mehr an, was sie mochte, sondern das, was ihm gefiel. Sie traf sich weniger mit ihren Freundinnen, weil es ihn störte. Und immer, wenn er kalt zu ihr war, wenn er sie ignorierte oder vor anderen schlecht machte, tat er es danach wieder gut. „Du weißt doch, dass ich dich liebe. Aber du bringst mich dazu, so zu sein." Jolie glaubte ihm. Sie hatte immer Angst, nicht genug zu sein. Und wenn sie nur besser wäre, wenn sie sich nur mehr anstrengte - dann würde er sie nicht so behandeln. Dann wäre er glücklich mit ihr. Aber es wurde schlimmer.

Eines Tages, als sie eine Nachricht zu spät beantwortete, wurde er laut. „Bist du dumm, oder was? Ich hab dir geschrieben, warum antwortest du nicht?!" Jolie zuckte zusammen. Sie wollte sich entschuldigen, doch er packte ihr Handgelenk fester. Es tat weh. Aber er ließ es nicht los. Das war das erste Mal, dass er sie anfasste, ohne dass es sich nach Liebe anfühlte.

Doch es war nicht das letzte Mal. Es gab Tage, an denen er süß und liebevoll war. Wo er ihr sagte, dass sie das Beste sei, was ihm je passiert ist, aber dann gab es die anderen Tage. Tage, an denen ein falsches Wort reichte, ein falscher Blick. Tage, an denen er schrie, Türen knallte, Dinge durch den Raum warf. Tage, an denen seine Hand nicht mehr nur ihren Arm packte, sondern ihr Gesicht traf. „Schau, was du mich hast tun lassen. Ich liebe dich doch, aber du provozierst mich!" und diese Tage wurden Alltag! Jolie wusste nicht mehr, was richtig und was falsch war. Sie fühlte sich klein. Wertlos. Gefangen. Und trotzdem blieb sie. Weil sie Angst hatte, alleine zu sein. Weil sie dachte, dass niemand sie so lieben würde wie er - selbst wenn es eine Liebe war, die ihr wehtat. Weil er sie glauben ließ, dass sie ohne ihn nichts war. Und genau das war sein größter Trick. Gefangen in seiner Welt...

Er wurde immer schlimmer. Immer unberechenbarer. Wenn er wütend war, wusste Jolie nie, was sie erwarten würde. Manchmal waren es nur Worte - verletzend, kalt, voller Spott. Manchmal war es seine Hand, die ihr Handgelenk umklammerte, bis blaue Flecken zurückblieben. Und manchmal... war es mehr. Er wollte immer die Kontrolle. Über ihre Gedanken, über ihre Gefühle, über ihren Körper. Jolie sagte Nein. Oft. Deutlich. Aber es war ihm egal.

Um es klar und deutlich zu sagen... Ja er vergewaltigte Jolie... regelmäßig.... und seine Reaktionen auf ihr abblocken waren wie folgt: *„Komm schon, stell dich nicht so an."* *„Ich liebe dich doch, warum wehrst du dich?"*

„Du bist meine Freundin, also gehört das dazu."

Und wenn sie sich wehrte, wenn sie seine Hände von sich schob, dann wurde er wütend. Sein Blick wurde dunkel, seine Stimme schneidend. *„Denkst du, du kannst mich einfach ablehnen?"* Dann packte er sie fester. Hielt sie an den Hüften, an den Armen, an den Stellen, an denen sie sich am meisten schämte.

Jolie weinte oft. Nachts, wenn sie allein war, wenn er nicht da war, um sie klein zu machen. Sie wollte weg, wollte einfach verschwinden. Doch irgendetwas hielt sie immer zurück. Vielleicht die Angst, dass niemand ihr glauben würde. Vielleicht die Angst, dass er sie finden würde, wenn sie ging.

Vielleicht die Angst, dass sie es ohne ihn nicht schaffen würde - weil er ihr so oft eingeredet hatte, dass sie nichts war, wenn er nicht da war. Und so blieb sie. Jedes Mal, wenn sie dachte, sie könnte gehen, flüsterte eine leise Stimme in ihrem Kopf: *„Wer sollte dich denn sonst lieben?"* Und das war sein größter Sieg.

Diesen einen Tag von ganz vielen folgenden Tagen und Versuchen vergaß sie nie... Die Stadt unter ihr war in Lichter getaucht. Winzige Autos rollten über die Straßen, Menschen gingen ihren Alltag nach, ohne zu wissen, dass oben, ganz weit oben, ein Mädchen stand, das nicht mehr konnte. Jolie saß auf der kalten Brüstung des zehnten Stocks. Der Wind zerrte an ihrem Körper, ließ ihre Haare wild umherfliegen. Ihre Finger umklammerten das Metall so fest, dass ihre Knöchel weiß wurden.

Ihr Herz pochte laut in ihrer Brust - ein verzweifelter, panischer Rhythmus, der mit ihren Gedanken kämpfte.

Sie hatte es so oft durchgespielt.

Der Moment, in dem sie einfach loslassen würde. In dem sie endlich Frieden finden würde. Keine Angst mehr. Kein Schmerz mehr. Keine Kontrolle mehr durch ihn. Doch in ihrem Kopf war immer noch seine Stimme. „*Wenn du mich verlässt, bist du tot. Ich finde dich. Und wenn du mir entkommst, dann mach ich es dir noch schlimmer.*" Sie hatte Angst vor ihm. Aber sie hatte noch mehr Angst davor, weiterzuleben - so, wie es gerade war. Gefangen in dieser Hölle, in diesem Körper, den er behandelt hatte, als wäre er nicht ihrer. Ein Schluchzen entrann ihr, lautlos in den Wind geworfen. Niemand hörte es. Niemand sah sie. Jolie schloss die Augen. Sie wollte nichts mehr fühlen. Doch dann... viel Ihr der eine Gedanke ein, der sie abhielt loszulassen... *Mama*...

als hätte ihre Mutter es gespürt, vibrierte ihr Handy in der Jackentasche. Es war eine Nachricht. Mit zitternden Fingern zog sie es hervor. Ihr Blick war verschwommen, ihre Hände kalt, aber sie konnte den Namen auf dem Display erkennen. „*Mama*"

„*Jolie... wo bist du?*" Nur drei Worte. Doch sie hielten sie fest.

Die Erinnerung traf sie mit voller Wucht. „*Das kann ich nicht tun, was würd dann aus Mama... oder meiner restlichen Familie...*" Ihre Finger lockerten sich von der Brüstung. Sie sog die Luft tief in ihre Lungen. Vielleicht... war es noch nicht vorbei. Vielleicht gab es doch noch einen Ausweg. Vier Jahre vergingen.

Vier Jahre voller Angst, Schmerz und dem verzweifelten Versuch, es ihm recht zu machen. Jeden Tag dachte Jolie daran, zu verschwinden - endgültig. 100 Versuche hatte sie vielleicht nicht unternommen, aber der Gedanke war immer da. Eine leise, bohrende Stimme, die ihr zuflüsterte, dass es keinen anderen Ausweg gab. Doch sie blieb. Nicht, weil sie wollte, sondern weil sie nicht wusste, wie sie gehen sollte. Er hatte sie so weit gebrochen, dass sie glaubte, ohne ihn nicht existieren zu können.

Sie tat alles, um ihn nicht zu provozieren. Um die Momente der Ruhe, die kurzen Sekunden von Zärtlichkeit, irgendwie zu bewahren.

Also gab sie ihm, was er wollte.

Geld. Urlaube. Kontrolle. Sich selbst.

Tägliche Gewalt blendete Jolie vollkommen aus... für sie wurde es normal, sie kannte es schließlich nicht anders! Sie trichterte sich ein das eh alle Männer so wären! Zwei bis drei ganze Reisen hatte sie für ihn bezahlt. Griechenland. Spanien. Die Ostsee. Sie buchte Hotels, Flüge, Ausflüge, in der Hoffnung, dass er dann vielleicht glücklich sein würde. Dass er sie dann lieben würde, so wie er es am Anfang vorgespielt hatte. Doch es war nie genug. Sie kaufte ihm die teuerste Kopfhörer, Tablets, Ketten, Uhren, Klamotten einfach alles... aber es wahr einfach niemals genug.... Nie genug, um seine Wut zu besänftigen. Nie genug, um den nächsten Schlag zu verhindern. Nie genug, um sich selbst davon zu überzeugen, dass das hier echte Liebe war. Nach außen hin lächelte sie. Tat so, als sei alles in Ordnung. Aber innen drin war sie längst tot.

Jolie wusste, dass sie nicht mehr lange durchhalten würde.

Die Frage war nur: Schaffte sie es, sich von ihm zu lösen - oder würde er ihr endgültig nehmen, was von ihr übrig war?

Die Tage an denen Jolie nicht mehr leben wollte, wurden immer häufiger doch selten bekam es jemand mit! Doch an diesem einen Tag bekam es jemand mit... *Mama und Papa...*

Die Nacht war still. Zu still. Jolie saß auf dem kalten Badezimmerboden, der Boden unter ihr fühlte sich eiskalt an, doch sie spürte es kaum. In ihrer rechten Hand hielt sie eine Klinge - klein, unscheinbar, doch scharf genug, um den Schmerz in ihrem Inneren nach außen zu tragen. Ihr rechter Arm war übersät mit feinen, roten Linien, manche frisch, manche bereits verblasst. Doch dieses Mal sollte es nicht nur eine Linie werden.

Sie war müde. Nicht die Art von Müdigkeit, die Schlaf beenden konnte. Es war die Art, die in jeder Zelle saß, die sich in ihr Herz gefressen hatte, die ihr das Gefühl gab, dass selbst das Atmen zu viel war.

Ihre Gedanken überschlugen sich. Sie sprach mit sich selbst:

„*Was machst du hier?*"

Jolie lachte bitter auf. „*Was ich hier mache?*

Ich beende es."

„*Denkst du wirklich, es wird irgendjemanden interessieren?*"

„Nein." Sie schüttelte den Kopf. „*Sie werden weitermachen. So wie immer.*"

Ihre Hände zitterten, als sie die Klinge näher an ihr Handgelenk führte.

Sie dachte an ihn. Den Menschen, der sie zerstört hatte, der sie festhielt wie eine Marionette, der sie glauben ließ, sie wäre nichts ohne ihn. Jolie hatte so lange an ihn geklammert, weil sie dachte, dass er der Einzige sei, der sie jemals lieben könnte.

Das sie ohne ihn nicht existieren konnte.

Doch mit ihm existierte sie auch nicht.

Es war ein ständiger Kampf. Ein Netz aus Manipulation, aus kleinen Stichen in ihr Selbstwertgefühl. Ein „*Du bist nichts wert*" hier, ein „*Niemand außer mir wird dich jemals Lieben*" da. Anfangs dachte sie, er hätte Recht. Aber irgendwann erkannte sie, dass sie sich selbst verloren hatte.

Doch trotzdem konnte sie nicht gehen.

„*Warum hast du es nicht einfach getan?*

Warum bist du nicht einfach gegangen?"

„*Weil ich Angst hatte. Weil ich dumm war.*

Weil ich dachte, dass ich es verdiene."

„*Und jetzt? Glaubst du, das hier ist der einzige Weg?*"

Jolie schluckte. „*Es gibt keinen anderen. Ich kann nicht mehr. Ich kann nicht mit ihm. Ich kann nicht ohne ihn.*"

Sie setzte die Klinge an, spürte, wie sie in ihre Haut schnitt. Ein tiefer Atemzug. Ein Zittern.

Und dann— Ein Klopfen an der Tür. „*Jolie? Alles okay?*"

Es war ihr Papa. Die Stimme riss sie aus ihrem Tunnel. Sie blinzelte. Sah das Blut. Ihre eigene Hand, die immer noch zitterte.

Plötzlich spürte sie eine Panik, die sie vorher nicht gekannt hatte. Ihr Herz raste. „Jolie?!" Ein festerer Schlag gegen die Tür.

Sie ließ die Klinge fallen. Griff mit der anderen Hand nach ihrem Handgelenk, versuchte das Blut zu stoppen.

„*Ich-Ich bin hier*", brachte sie hervor.

Sie wusste nicht, warum sie antwortete.

Warum sie plötzlich nicht mehr wollte, dass es vorbei war.

Aber da war eine leise Stimme in ihr, schwach, kaum hörbar, die flüsterte: „*Vielleicht gibt es doch noch einen anderen Weg.*"

Als Jolie anfing sich immer öfter einen Pullover anzuziehen statt eines T-Shirts hat es trotzdem niemand sonst gemerkt, aber für Jolie war es nicht schlimm, so musste sie nicht erklären woher die Wunden an ihrem Arm kamen, Narben als Rückstände! Nur ihre Eltern wussten es, und selbst sie wussten nie wie schlimm es wirklich war! Sie versuchten immer zu helfen! Aber bei diesem Kampf konnte Jolie niemand helfen, es war ein Kampf mit sich selbst, ein Kampf mit der Welt, ein Kampf gegen alles und jeden, der ihr das Gefühl gab, dass sie nicht viel Wert besaß! Und sie litt noch Jahrelang unter Gewalt, Missbrauch und Suizitgedanken!

Zitat by Letizia Jolie Nicola:

„...und auch wenn die Nacht kommt, und mich zerreißt, so weiß ich, ich bin am Leben... Doch in den Trümmern meiner Seele keimt leise die Hoffnung, dass eines Tages das Licht zurückkehrt. Ich sammle die Splitter meines Herzens, setze sie neu zusammen - nicht wie zuvor, sondern stärker, bewusster. Denn selbst wenn die Narben bleiben, bin ich nicht mehr dieselbe. Ich bin mehr. Ich bin frei."

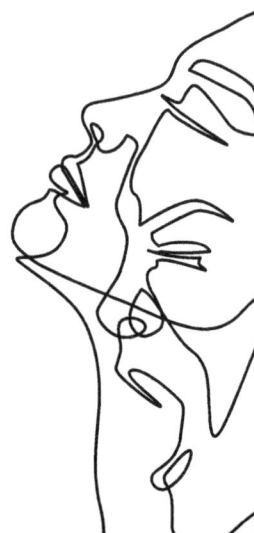

Als 3 von 4 Jahren rum waren... kam ein Tag der Berufsschule anders als geplant... Jolie war ja wie bekanntlich immer schüchtern und sprach nie Leute an! Doch eines Morgens spürte sie eine Veränderung in sich. Sie konnte nicht sagen, warum. Vielleicht war es die leise Angst, dass ihr nur noch ein Jahr blieb und sie ihren Abschluss nicht schaffen würde. Vielleicht war es die Wut auf sich selbst, dass sie es all die Jahre so weit hatte kommen lassen. Oder vielleicht war es einfach die Erkenntnis, dass sich nichts ändern würde, wenn sie es nicht selbst tat. An diesem Tag ging sie mit einer anderen Haltung in die Schule. Nicht mit Euphorie. Nicht mit Selbstbewusstsein. Aber mit einem kleinen, kaum spürbaren Funken Mut. Und genau an diesem Tag traf sie Sarah.

Sarah war anders als alle, die Jolie bisher kennengelernt hatte. Sie war laut. Unbeschwert. Voller Energie, die den Raum ausfüllte, sobald sie ihn betrat. Es war nicht dieses aufgesetzte, selbstbewusste Auftreten, das Jolie bei anderen immer beobachtete. Bei Sarah wirkte es echt. Sie war jemand, der einfach war, ohne sich dafür zu entschuldigen oder sich zu verstellen. Und genau das faszinierte Jolie. Denn Sarah war all das, was sie selbst nicht war. Jolie beobachtete sie zuerst nur aus der Ferne. Nicht bewusst, nicht mit Absicht - aber ihre Augen suchten immer wieder nach ihr. Sie versuchte zu verstehen, was es war, das Sarah so besonders machte. Warum sie sich in ihrer Nähe nicht mehr ganz so verloren fühlte. An diesem einen Wochenende... war Jolie der festen Überzeugung Sarah auf einer Hochzeit gesehen zu haben... Sie war sich fast sicher. Normalerweise hätte Jolie den Gedanken einfach verdrängt. Sie war nicht der Typ, der auf andere zuging, schon gar nicht mit so etwas Ungewöhnlichem. Doch Sarah war anders. Sarah hatte ihr gezeigt, dass sie sich nicht immer verstecken musste. Also nahm Jolie all ihren Mut zusammen, atmete tief durch und sprach sie an. „Hey... ich weiß, das klingt jetzt vielleicht komisch, aber... warst du zufällig mal auf einer Familienfeier von - naja, meiner Familie?"

Sarah blinzelte sie überrascht an. „*Nein das war ich nicht, es muss wohl jemand gewesen sein der mir ähnlich sieht...!*"
Es war kein tiefgründiges Gespräch, was sie dann führten.
Kein bahnbrechender Moment. Aber es war ein Anfang. Und während sie miteinander redeten, merkte Jolie zum ersten Mal seit langer Zeit, dass sie sich nicht verstecken musste.
Unbewusst wurde Sarah in genau diesem Moment ein sehr, sehr wichtiger Teil von Jolies Leben.
Sarah war die erste, die wirklich sah, was mit Jolie geschah.
Während alle anderen dachten, sie hätte einfach Pech in der Liebe oder sei selbst schuld an ihrer Situation, erkannte Sarah die Wahrheit. Sie sah, wie erschöpft Jolie war, wie leer ihr Blick wurde, wie sie alles für ihn tat - und dabei sich selbst verlor.
Sarah ließ nicht locker. „*Jolie, sieh dich an. Das ist nicht Liebe. Das ist Missbrauch auf so vielen Ebenen.*" Jolie wollte es nicht hören. Sie wollte sich nicht eingestehen, dass sie vier Jahre ihres Lebens in eine Hölle investiert hatte, die nie besser werden würde.
Aber Sarah war geduldig.
Sie hielt ihr den Spiegel vor, zeigte ihr seine Worte, sein Verhalten, all die Momente, in denen er sie gebrochen hatte. Und zum ersten Mal begann Jolie zu zweifeln. Es war ein langer und harter Weg.
Sarah zog sie langsam aus dem Loch, in dem sie gefangen war.
Stück für Stück half sie Jolie, wieder Kraft für sich selbst zu finden.
Sie brachte sie dazu, wieder kleine Entscheidungen zu treffen - ohne Angst vor Konsequenzen.
Sie zeigte ihr, dass ihr Wert nicht davon abhing, wie gut sie sich ihm unterordnete.
Aber es gab Rückfälle.
Tage, an denen Jolie sich selbst die Schuld gab.
Jolie wusste innerlich das sie nie etwas schlechtes getan hat... sie war der treuste Mensch den sie kannte... während sie andere in ihrem Umfeld sah, die logen und betrogen, blieb sie loyal... Tage, an denen sie sein Bild idealisierte und sich nach den wenigen Momenten sehnte, in denen er sanft zu ihr gewesen war.

Tage, an denen sie dachte, sie könne ohne ihn nicht leben. Und es gab Nächte, in denen sie seine Nummer eintippen wollte, weil das Gefühl der Einsamkeit sie zu ersticken drohte.

Und ein weiterer Fehler war auch, das Jolie es oft tat, sie trennte sich... aber ging immer wieder zurück, sie steckte in einem Kreislauf aus Hoffnung, Zuversicht und pure Abhängigkeit Jolie wusste es.

Tief in ihrem Inneren wusste sie es jedes Mal, wenn sie zu ihm zurückging. Sie wusste, dass er sich nicht ändern würde.

Dass seine süßen Worte nur eine Falle waren. Dass der Mann, der versprach, besser zu sein, in Wahrheit derselbe war, der sie zerstört hatte.

Und trotzdem - sie konnte nicht anders.

Jedes Mal, wenn sie den Mut fand, ihn zu verlassen, wenn sie ihre Sachen packte und die Tür hinter sich schloss, kam dieser Moment, in dem er sie wieder einfing. Seine Nachrichten, seine Anrufe, seine verzweifelten Versprechen.

„Ich weiß, ich habe Fehler gemacht. Aber ich liebe dich." „Ich kann nicht ohne dich. Bitte, gib mir eine letzte Chance." „Ich werde mich ändern. Ich schwöre es."

Und Jolie glaubte ihm. Weil sie glauben wollte.

Weil die Vorstellung, dass all die Jahre mit ihm umsonst gewesen waren, zu schmerzhaft war. Weil sie dachte, dass es irgendwann besser werden musste. Also kehrte sie zurück.

Wieder und wieder.

Und jedes Mal, wenn sie es tat, bestrafte er sie für den Gedanken, ihn verlassen zu haben. Anfangs waren es nur Worte.

„Wie konntest du mich nur allein lassen? Hast du jemand anderen?"

Dann wurde es schlimmer. Seine Wut war unberechenbar. Er ließ sie spüren, dass sie ihm gehörte. Dass sie sich nicht einfach von ihm lösen konnte. Dass jede Flucht Konsequenzen hatte.

Er packte sie härter. Schubste sie, hielt sie fest, raubte ihr den Atem - im wahrsten Sinne des Wortes.

„Du bist nichts ohne mich. Nichts."

Jolie fühlte sich, als wäre sie in einem Kreislauf gefangen, aus dem es kein Entrinnen gab. Sie wusste, dass es falsch war. Aber sie konnte sich nicht davon lösen.

Weil er sie glauben ließ, dass sie ohne ihn niemand war. Weil jedes Mal, wenn sie versuchte, sich selbst zu retten, er dafür sorgte, dass sie noch tiefer fiel. Es hörte nicht auf. Die Gewalt wurde nicht weniger - sie wurde alltäglich.

Am Anfang waren es einzelne Ausbrüche gewesen, doch irgendwann wurde es zur Regel. Ein falsches Wort, ein falscher Blick, ein Moment, in dem sie nicht tat, was er wollte - und sie spürte seine Wut. Jeden Tag. Mehrfach. Eigentlich immer, wenn sie sich sahen.

Mal war es eine Ohrfeige.

Mal ein Schlag gegen die Rippen, schnell, präzise, so dass niemand es sah.

Mal war es sein Griff um ihr Handgelenk, so fest, dass es sich anfühlte, als würde er sie brechen. Und wenn sie sich wehrte? Wenn sie versuchte, sich loszureißen?

Dann wurde es schlimmer.

„Wag es nicht, mir zu widersprechen." „Du bringst mich dazu, so zu sein. Hör auf, mich zu provozieren." „Glaubst du, irgendjemand würde dir glauben? Sieh dich doch an. Du bist schwach."
Jolie hörte auf zu kämpfen.

Nicht, weil sie nicht wollte. Sondern weil sie keinen Sinn mehr darin sah. Er würde sowieso immer gewinnen.

Er würde sie immer wieder brechen. Sie funktionierte nur noch.
Tat, was er wollte. Sprach, wie er es verlangte.

Ließ sich die Schuld für alles geben.

Aber innerlich - da starb sie jeden Tag ein bisschen mehr.

Und trotzdem blieb sie.

Weil sie glaubte, dass sie nirgendwo anders hingehörte.

Weil sie dachte, dass sie nichts anderes verdiente.

Weil er ihr das eingeredet hatte - so oft, dass sie es selbst glaubte.

Der Tag, an den sie sich immer erinnern würde...

Es hätte ein schöner Tag werden sollen.

Jolie hatte sich so darauf gefreut - einfach mit ihrer Freundin durch die Stadt schlendern, shoppen, lachen, für ein paar Stunden vergessen, dass ihr Leben längst nicht mehr ihr gehörte.

Das tat sie gerne.

Stundenlang in Geschäften stöbern, neue Dinge entdecken, ohne Stress, ohne Angst. Es war eine dieser wenigen Aktivitäten, bei denen sie sich frei fühlen konnte.

Doch nach gerade einmal 45 Minuten... kaum hatte sie begonnen, sich zu entspannen - spürte sie es. Diese Kälte in ihrem Nacken. Das Gefühl, dass jemand sie beobachtete.

Und als sie sich umsah, stand er da. Nur wenige Meter entfernt, zwischen den Kleiderständern, die Hände in den Taschen, sein Blick dunkel. Jolie erstarrte.

Wie?

Wie hatte er sie gefunden?

Wie wusste er immer, wann, wo und mit wem sie war?

Ein leises Zittern überkam ihre Hände. Ihre Freundin redete noch neben ihr, ahnte nichts, bemerkte nicht, dass Jolies Körper plötzlich eiskalt wurde.

Und dann war er da. Direkt neben ihr.

„*Was machst du hier*?"

Seine Stimme war ruhig. Fast sanft. Doch Jolie kannte ihn zu gut, um sich davon täuschen zu lassen.

Sie schluckte schwer. „*Ich... ich shoppe. Ich hab dir doch gesagt-*"

„*Du hast nichts gesagt.*"

Sein Griff schloss sich um ihr Handgelenk. Nicht fest. Noch nicht. Aber bestimmt genug, um ihr zu zeigen, dass sie keine Wahl hatte. Jolie spürte, wie die Luft in ihrer Kehle stecken blieb. Sie wagte es nicht, sich loszumachen. Ihre Freundin sah sie fragend an.

„*Alles gut?*"

Jolie wollte etwas sagen. Wollte ihr erklären, dass sie keine Angst haben musste, dass sie gehen würde, weil sie gehen wollte. Doch das war eine Lüge.

Also schüttelte sie den Kopf.

„Ja, alles gut."

Ihre Freundin glaubte ihr nicht. Sie war nicht dumm. Sie sah den starren Blick, mit dem er Jolie musterte, sah den Griff um ihr Handgelenk, sah, wie sich Jolies Körper versteifte. Aber sie sagte nichts.

Vielleicht, weil sie wusste, dass es nichts bringen würde.

Vielleicht, weil sie Angst hatte, es noch schlimmer zu machen.

Und Jolie? Jolie wehrte sich nicht.

Nicht als er sie wortlos aus dem Geschäft führte.

Nicht als er mit ihr durch die Straßen lief, ihr keine Sekunde lang die Chance ließ, sich umzudrehen oder zu flüchten.

Nicht als sie in seine Wohnung kamen und er die Tür hinter ihnen ins Schloss fallen ließ.

Denn tief in ihrem Inneren wusste sie, dass Widerstand zwecklos war. Und sie wusste auch, dass das, was jetzt kommen würde, schlimmer sein könnte als alles zuvor.

Kaum war die Tür hinter ihnen ins Schloss gefallen, begann es. Er warf seine Jacke auf den Boden, riss sich die Schuhe von den Füßen und drehte sich dann mit brennendem Blick zu ihr um.

„Was zum Teufel glaubst du, wer du bist?!"

Jolie senkte den Kopf, sagte nichts.

„Ich habe dir gesagt, du sollst nicht ohne mich gehen! Ich habe dir gesagt, dass du mich nicht anlügen sollst!"

Seine Stimme war laut, lauter als sonst. Sie wusste, dass es schlimmer werden würde. Sie hatte ihn so oft in dieser Wut gesehen, dass sie fast spüren konnte, wie sie sich in seinem Körper aufbaute - wie ein Sturm, der kurz davor war, alles um sich herum zu zerstören.

Dann flog etwas. Jolie hörte es, bevor sie es spürte. Ein kalter Schwall, der gegen ihre Brust und ihr Gesicht prallte.

Der süßliche Geruch von Orangensaft durchzog die Luft.

Es brannte in ihren Augen.

Der Orangensaft tropfte von ihrem Kinn auf den Boden.

Jolie blinzelte, wischte sich langsam über das Gesicht.

Doch bevor sie überhaupt nachdenken konnte, kam das nächste.

Ein Teller.

Er verfehlte sie nur knapp, zerschellte an der Wand hinter ihr.

Dann ein Glas.

Ein Buch.

Alles, was er in die Finger bekam, flog in ihre Richtung.

Aber sie zuckte nicht einmal zusammen. Sie blieb einfach stehen.

Denn sie wusste, dass es ihn nur noch wütender machte, wenn sie versuchte auszuweichen.

Er wollte eine Reaktion.

Er wollte, dass sie schrie, flehte, dass sie Angst zeigte.

Doch Jolie hatte keine Kraft mehr dafür. Sie ließ es geschehen.

Dann kam der Stuhl.

Er flog quer durch das Wohnzimmer, krachte gegen den Boden, zerbrach in zwei Teile.

Er atmete schwer. Funken von Wut loderten in seinen Augen.

Dann ging er auf sie zu. Seine Hände griffen nach ihren Armen.

Zu fest.

Zu grob.

Und dann flog sie.

Er packte sie mit solcher Kraft, dass sie keine Chance hatte, sich zu fangen.

Glas splitterte. Ein lautes Knacken durchdrang die Luft.

Jolie spürte den Aufprall auf dem Boden. Spürte, wie kleine, scharfe Splitter in ihre Haut schnitten.

Es war nicht das erste Mal, dass er sie warf.

Nicht das erste Mal, dass er Dinge zerstörte, um sie zu bestrafen.

Aber diesmal war es schlimmer.

Sie lag da, das Gesicht nach unten, ihr ganzer Körper zitterte.

Sie konnte den süßlichen Geruch von Saft noch in ihrer Kleidung riechen. Konnte das kalte Glas in ihren Haaren spüren.

Jolie weinte. Leise. Nicht weil es weh tat.

Sondern weil sie wusste, dass es niemals enden würde.

Es gab keinen Ausweg. Keinen Ort, an den sie fliehen konnte.

Niemanden, der sie retten konnte.

Sie war in dieser Hölle gefangen.

Und sie wusste nicht, wie lange sie noch durchhalten würde.

Bis zu dem Tag, an dem sie erkannte, dass es nur zwei
Möglichkeiten gab: Gehen. Oder untergehen.

Doch dann war Sarah wieder da.

Jolie erzählte das erste mal was ihr angetan wurde...

*„Denk an all das, was er dir genommen hat. Willst du ihm wirklich
noch mehr geben?"* sagte Sarah nachdem Jolie ihr alles erzählte.

Sarah war schockiert das alles zu hören, aber sie urteilte nicht über
Jolie, sie gab ihr das Gefühl das dass was ihr angetan wurde, nicht
vertretbar war. Sie baute Jolie auf, machte ihr Mut...

Und langsam, ganz langsam, begann Jolie zu begreifen:

Sie musste sich selbst retten.

Es war schwer.

Es tat weh.

Aber zum ersten Mal seit Jahren hatte sie jemanden an ihrer Seite,
der wollte, dass sie frei war - nicht abhängig. Und irgendwann,
nach unzähligen Rückschlägen, nach Tränen, Wut und Schmerz,
stand Jolie eines Morgens auf, schaute in den Spiegel und erkannte
sich wieder.

Sie war nicht mehr das Mädchen, das glaubte, ohne ihn nichts zu
sein. Sie war mehr.

Endlich frei - Doch nie wirklich vergessen

Jolie wusste nicht, wann genau es passiert war.

Wann genau der Moment kam, in dem sie nicht mehr zurückging.

Vielleicht war es die Nacht, in der sie wieder einmal weinend auf dem kalten Boden lag, während der Schmerz in ihrem Körper pochte und ihr Geist nach einem Ausweg suchte.

Vielleicht war es der Tag, an dem sie in den Spiegel sah und ihr eigenes Gesicht nicht mehr erkannte - die leeren Augen, die blauen Flecken, die müde Seele.

Oder vielleicht war es einfach irgendwann genug.

Genug Tränen.

Genug Angst.

Genug zerbrochene Versprechen.

Dieses Mal ging sie. Und dieses Mal kam sie nie wieder zurück.

Sie rannte nicht. Nein, dieses Mal lief sie ruhig. Schritt für Schritt.

Dieses Mal fühlte sie keinen Zweifel. Sie ließ ihn stehen - mit all seiner Wut, all seinen Drohungen. Mit all seinen Versuchen, sie zu brechen. Und sie drehte sich nicht mehr um.

Die ersten Monate waren schwer. Er ließ sie nicht in Ruhe.

Nachrichten.

Anrufe.

Flehen.

Drohungen.

Wutausbrüche.

„Du wirst es bereuen." „Du kannst mich nicht einfach aus deinem Leben löschen!" „Ich liebe dich. Bitte, nur ein Gespräch."

Anfangs hatte sie noch gezögert, noch gezittert, wenn ihr Handy vibrierte. Sie war drangegangen. Ein paar Mal. Und jedes Mal war es dasselbe Spiel. Er klang sanft, reumütig.

Doch Jolie wusste, was sich dahinter verbarg. Sie wusste, dass er nicht um sie kämpfte - sondern um die Kontrolle, die er verloren hatte. Also hörte sie auf, ans Telefon zu gehen.

Sie wechselte ihre Nummer.

Blockierte alles, was mit ihm zu tun hatte.

Aber selbst das hielt ihn nicht auf.

An jedem Geburtstag, an jedem neuen Jahr klingelte eine anonyme Nummer auf ihrem Handy.

Anfangs hob sie noch ab - ein unbestimmtes Zittern in ihrer Brust. Doch sobald sie das Atmen am anderen Ende der Leitung hörte, wusste sie es.

Er.

Jolie legte auf.

Und irgendwann nahm sie nie wieder ab, wenn eine anonyme Nummer sie anrief. Sie wusste, wer es war. Doch es war ihr egal. Denn sie war frei. Drei Jahre später hörten die Anrufe immer noch nicht auf.

Aber Jolie? Sie ließ los. Sie hatte es hinter sich gelassen.

Er konnte ihr nichts mehr nehmen. Nicht ihre Gedanken. Nicht ihre Angst. Nicht ihr Leben. Nie wieder.

Mit Sarah an ihrer Seite begann Jolie, sich ihr Leben zurückzuholen. Es war nicht einfach.

Es gab Tage, an denen sie noch in alten Mustern gefangen war, in denen sie sich fragte, ob sie überhaupt wusste, wer sie ohne ihn war. Aber Sarah ließ das nicht zu.

„Er hat dir genug genommen. Jetzt nehmen wir uns dein Leben zurück." Und genau das taten sie.

Sie gingen ins Kino, lachten über Filme, die vielleicht gar nicht so lustig waren - aber es fühlte sich gut an zu lachen. Echt zu lachen. Sie gingen schick essen, saßen in Restaurants mit großen Fenstern und bunten Cocktails, bestellten sich das, worauf sie Lust hatten - ohne Angst, verurteilt zu werden.

Mädelsabende wurden zu einem festen Ritual. Manchmal mit Filmen, manchmal einfach mit Musik und langen Gesprächen, in denen Jolie mehr und mehr spürte, wie sich das Gewicht auf ihrer Brust langsam auflöste.

Doch am meisten liebte sie das Shoppen.

Früher war es für sie eine kleine Flucht gewesen - eine Illusion von Freiheit.

Jetzt war es echt.

Kein Handy in der Hand, auf das sie starren musste, weil sie wusste, dass jederzeit eine Nachricht kommen könnte, die ihr den Tag ruinierte.

Zitat by Letizia Jolie Nicola:

„Toxische Liebe hält nicht durch Liebe, sondern durch Schmerz, durch die Angst vor dem Loslassen und die Hoffnung, dass es irgendwann besser wird. Doch wahre Heilung beginnt, wenn du erkennst, dass Festhalten dich zerstört und Loslassen dich befreit. Es tut weh, ja - aber nicht so sehr, wie in einem Käfig aus Illusionen zu bleiben. Dein Herz verdient mehr als Ketten aus Angst. Es verdient Frieden."

Kein Zeitdruck.

Keine Angst.

Nur sie, Sarah und unendliche Möglichkeiten. Jolie probierte Kleider an, ließ sich Zeit, drehte sich vor dem Spiegel und fühlte sich schön. Nicht für jemand anderen.

Nur für sich selbst. Zum ersten Mal seit Jahren war sie frei.

Und sie wusste, dass sie nie wieder in ihre alte Welt zurückkehren würde.

Jolie wollte heilen... sie beschloss eine Therapie zu beginnen!

Jolie saß auf dem weichen Sessel in der Praxis, ihre Finger umklammerten nervös den Stoff ihrer Jeans. Sie schaute sich im Raum um, es standen zwei rote Sessel im Raum.

Auf einem saß sie grade, es stand ebenso eine Liege im Raum, auf der sich Decken und Kissen befanden. Der Raum war durch das Fenster von Sonne geküsst, es hingen warme freundliche Bilder an den Wänden, Jolie hatte Angst, doch gleichzeitig fühlte sie sich wohl! Aber sie war es nicht gewohnt, über sich zu sprechen.

Die Therapeutin, eine ruhige Frau mit sanfter Stimme und warmem Blick, lächelte sie ermutigend an.

„Jolie, wieso sind Sie heute zu mir gekommen?"

Die Frage war simpel, aber sie traf etwas in ihr, das sie nicht sofort greifen konnte. Ihr Blick wanderte zur Uhr an der Wand, dann zum Fenster. Sie hätte weglaufen können. Einfach so tun, als wäre sie nie hier gewesen. Doch sie wusste, dass es Zeit war.

„Ich denke, weil ich schon sehr lange unter Ängsten leide, die mich nachts nicht mehr schlafen lassen", antwortete sie schließlich leise.

Die Therapeutin nickte verständnisvoll.

„Jolie, bitte erzählen Sie mir, was Sie nicht schlafen lässt."

Jolie schluckte. Ihre Kehle fühlte sich trocken an, ihr Herz pochte in ihrer Brust. Sie wusste nicht, wo sie anfangen sollte.

So viel war passiert. So viel hatte sie verdrängt.

Doch dann, langsam, Stück für Stück, begann sie zu erzählen.

Die ersten Wochen:

Schatten der Vergangenheit

Die ersten Sitzungen fühlten sich an, als würde sie ein fremdes Haus betreten - eines, das düster und voller verschlossener Türen war.

Sie wusste, dass hinter jeder dieser Türen Erinnerungen lauerten, die sie nicht sehen wollte. Doch die Therapeutin zwang sie nicht.

„Wir öffnen die Türen in Ihrem Tempo, Jolie", hatte sie einmal gesagt.

Trotzdem fiel es Jolie schwer, sich darauf einzulassen. Sie sprach in Andeutungen, wich aus, lachte nervös, wenn die Gespräche zu tief gingen. Doch die Therapeutin durchschaute sie.

„Sie haben jahrelang gelernt, sich selbst zu schützen" , sagte sie.

„Aber hier müssen Sie das nicht."

Diese Worte blieben hängen. Vielleicht war es wirklich Zeit, den Schutzpanzer abzulegen. Nach einigen Monaten begann Jolie, sich zu öffnen. Die ersten Erinnerungen, die sie zuließ, waren die harmloseren Momente, in denen sie sich unwohl gefühlt hatte, aber noch nicht genau wusste, warum. Doch dann kamen die dunkleren Erinnerungen......

Die Gewalt. Die Angst. Die Schreie in der Nacht.

Sie sprach von den Nächten, in denen sie sich klein und machtlos fühlte, von den Tagen, an denen ihr Körper zwar funktionierte, aber ihr Geist irgendwo anders war.

„Ich fühle mich oft, als wäre ich nicht ganz hier", gestand sie eines Tages.

„Das nennt man Dissoziation", erklärte die Therapeutin.

„Es ist eine Schutzreaktion des Gehirns. Es wollte Sie vor dem Schmerz bewahren." Jolie nickte, doch die Erkenntnis fühlte sich bittersüß an.

Ihr eigener Geist hatte sie geschützt - aber gleichzeitig hatte er sie auch gefangen gehalten.

Nicht jede Sitzung war ein Fortschritt.

Manchmal kam Jolie in die Praxis und konnte nicht sprechen. Dann saß sie einfach nur da, während Tränen leise über ihre Wangen liefen. An anderen Tagen war sie wütend - auf sich selbst, auf die Welt, auf die Ungerechtigkeit dessen, was ihr angetan worden war.

„Es fühlt sich an, als würde ich nie aus diesem Loch herauskommen", sagte sie einmal verzweifelt.

„Heilung ist kein gerader Weg", erinnerte die Therapeutin sie sanft. *„Manchmal macht man zwei Schritte vorwärts und dann einen zurück. Aber solange Sie weitergehen, sind Sie nicht mehr gefangen."*

Diese Worte halfen ihr.

Nicht sofort, aber mit der Zeit.

Ein Jahr war vergangen, als Jolie zum ersten Mal das Gefühl hatte, dass sich etwas veränderte.

Es war ein kleines Detail: Sie hatte eine Nacht durchgeschlafen, ohne von Albträumen geweckt zu werden. Es war nur eine Nacht, aber für sie fühlte es sich an wie ein Sieg.

Mit der Zeit wurden die Albträume seltener. Die Angst war noch da, aber sie beherrschte sie nicht mehr. Und dann geschah etwas Unerwartetes - sie begann, an die Zukunft zu denken.

„Ich weiß nicht, was ich mit meinem Leben anfangen soll", sagte sie eines Tages.

„Was würden Sie tun, wenn Angst keine Rolle spielen würde?" fragte die Therapeutin.

Jolie dachte nach. Früher hätte sie auf diese Frage keine Antwort gehabt. Doch jetzt formte sich eine Idee in ihrem Kopf.

„Ich glaube, ich würde anderen helfen. So wie Sie mir helfen."

Nach insgesamt zwei Jahren spürte Jolie, dass sie bereit war, die Therapie zu beenden. Sie war nicht *„geheilt"* - sie wusste jetzt, dass es so etwas nicht gab.

Aber sie war gewachsen. Sie hatte gelernt, sich selbst zu verstehen, ihre Vergangenheit anzunehmen und trotz allem nach vorne zu blicken.

In ihrer letzten Sitzung saß sie der Therapeutin gegenüber, ein wenig unsicher, aber auch hoffnungsvoll.

„Ich hätte nie gedacht, dass ich an diesen Punkt kommen würde", gab sie zu.

Die Therapeutin lächelte. *„Und doch sind Sie hier."* Jolie nickte.

Sie fühlte sich nicht mehr wie das zerbrochene Mädchen, das vor zwei Jahren zum ersten Mal hier gesessen hatte.

Doch als sie die Praxis verließ und in die kalte Luft trat, wusste sie, dass ihr Weg noch nicht zu Ende war.

Die Welt da draußen wartete und mit ihr all die Herausforderungen, die das Leben bereithielt.

Aber dieses Mal fühlte sie sich bereit. Zumindest ein bisschen.

Das Fotoalbum

Jolie saß an ihrem Schreibtisch und blätterte durch ein altes Fotoalbum. Die Ecken der Seiten waren bereits leicht vergilbt, und der Geruch von Papier und vergangenen Zeiten lag in der Luft. Ihre Finger strichen sanft über ein Bild, das sie als kleines Mädchen zeigte - inmitten eines großen Gartens, umgeben von üppigen Johannisbeersträuchern. Ein Lächeln huschte über ihr Gesicht, als sie sich erinnerte, wie süß und gleichzeitig sauer die kleinen Beeren geschmeckt hatten.

„Jolie, nicht so viele auf einmal!" hatte ihre Oma Helene immer gerufen, während sie selbst in ihrer blauen Schürze zwischen den Beeten stand. *„Sonst bekommst du Bauchweh, mein Schatz!"*

Doch Jolie hatte es nie lassen können.

Viel zu verlockend waren die leuchtend roten Beeren, die in dichten Trauben an den Sträuchern hingen.

Ihr Opa Manfred den alle immer Manni nannten schraubte gerne in seiner persönlichen Werkstatt oder saß in seinem alten, abgewetzten Sessel im Wohnzimmer und las Zeitung.

Wenn sie zu Besuch war, legte er die Zeitung oft zur Seite, nahm sie auf den Schoß und erzählte ihr Geschichten von früher.

„Weißt du, als ich so alt war wie du, da hatten wir noch nicht mal einen Fernseher."

„Und was habt ihr dann gemacht?" fragte Jolie immer wieder erstaunt.

„Gespielt, draußen im Wald. Und als es dunkel wurde, haben wir Kerzen angezündet und uns Geschichten erzählt."

Seine Stimme war tief und warm, und manchmal nickte Jolie dabei ein, während ihr Opa Manfred sanft ihren Rücken klopfte.

Aber das Beste am Haus ihrer Großeltern war das große Klavier im Wohnzimmer.

Es stand da, alt und majestätisch, mit vergilbten Tasten, die schon viele Jahre überstanden hatten.

Jolie liebte es, darauf herumzuklimpern, auch wenn sie keine Ahnung hatte, was sie tat.

"Hör mal, Opa, ich hab ein Lied erfunden!" rief sie einmal voller Stolz, nachdem sie ein paar Tasten wahllos gedrückt hatte.

Opa Manfred lachte. *"Das klingt ja fast wie Mozart!"* sagte er zwinkernd.

Und dann war da noch Weihnachten.

Jedes Jahr am ersten Weihnachtstag versammelte sich die Familie in der warmen Stube von Oma Helene und Opa Manfred. Der Duft von Rotkraut und Gulasch erfüllte das Haus, während in der Küche das große Klöße machen begann.

„Jolie, komm her, du darfst die Klöße formen!" rief Oma Helene und mein Cousin stand bereits ebenfalls in der Küche.

Es war eine Tradition, dass alle mit anpackten. Der Teig war warm und weich in den Händen, und wenn sie die Klöße ins heiße Wasser legte, konnte sie es kaum erwarten, bis sie oben schwammen.

„Nicht zu groß, sonst werden sie nicht gar!" ermahnte Oma Helene liebevoll.

Die Jahre vergingen, und Jolie wurde älter.

Die Besuche wurden seltener, die Familie lebte mehr und mehr in ihren eigenen Welten. Sie nahm es als Kind nicht bewusst wahr, aber mit den Jahren erkannte sie die feinen Risse in den Beziehungen.

Vielleicht waren es alte Streitigkeiten, unausgesprochene Worte oder einfach das Leben, das jeden in eine andere Richtung zog.

Und dann kam der Tag, an dem ihr Opa Manfred starb.

Jolie erinnerte sich an das Gesicht ihres Vaters als der Anruf kam- stark und doch verletzlich. Sie wusste, dass sie jetzt für ihn da sein musste, so wie er es immer für sie gewesen war. Und sie wusste, dass er sich dasselbe für sie wünschte. Sie erinnerte sich genau....

Als Jolies Opa Manfred starb, fühlte es sich an, als hätte jemand ein Stück ihrer Kindheit mit sich genommen.

Es nahmen manche Leute mehr mit als andere, aber Fakt war: Innerlich zerriss es sie.

Sie war nicht bereit, irgendjemanden aus ihrer Familie zu verlieren. Sie erinnerte sich genau an den Moment, als der Anruf kam. Es war tief in der Nacht, doch sie hörte nichts davon.

Erst am Morgen, als sie ihr Zimmer verließ und in die Küche trat, spürte sie sofort, dass etwas nicht stimmte. Mama und Papa saßen am Tisch, ihre Augen müde und gerötet. Der Raum war still, fast unnatürlich ruhig.

Papa sah sie an und sagte mit einer Stimme, die ruhig klingen wollte, aber brüchig war: *„Jolie, bitte setz dich einen Moment zu uns, wir müssen reden."*

Ein Kloß bildete sich in ihrem Hals.

„Was ist denn passiert?" fragte sie, auch wenn sie die Antwort bereits fürchtete.

Ihre Eltern tauschten einen Blick. Dann sagte ihr Vater: *„Das ist jetzt sicher nicht leicht für dich, aber... dein Opa Manfred ist tot."*

Die Worte hallten in ihrem Kopf nach. Tot.

Einfach so. Für immer.

Sie wusste nicht, was sie sagen sollte, wusste nicht einmal, was sie fühlen sollte.

Das erste Gefühl, das sich in ihr ausbreitete, war Mitleid - Mitleid mit ihrem Vater, der seinen eigenen Vater verloren hatte. Sie sah ihn an, sah, wie sehr er sich bemühte, stark zu bleiben. Doch als sie ihn in den Arm nahm, als ihre erste Träne über die Wange lief, konnte auch er es nicht mehr zurückhalten.

Es war das erste Mal, dass Jolie ihren Vater weinen sah. Und es war das erste Mal, dass sie verstand, dass auch Erwachsene manchmal Halt brauchten.

Die Tage danach fühlten sich unwirklich an.

Die Familie kam zusammen, aber es war nicht mehr wie früher. Es gab Umarmungen, leise Gespräche und immer wieder diese

Momente, in denen Jolie sich fragte, ob sie sich genug verabschiedet hatte. Hatte Opa gewusst, wie viel er ihr bedeutete? Am Tag der Beerdigung stand sie mit den anderen am Grab es war nur ein kleines für die Asche von ihm. Der Himmel war grau, der Wind kühl. Sie hörte die Worte des Pfarrers, aber es fühlte sich an, als wäre sie nicht wirklich da.

Erst als sie eine einzelne Rose ins Grab fallen ließ, fand sie ihre Stimme wieder - wenn auch nur ganz leise.

„Danke für alles, Opa."

Und in diesem Moment wusste sie: Er war nicht wirklich weg. Er lebte in ihren Erinnerungen weiter. In jeder Johannisbeere, die sie aß. In jedem Lied, das sie auf dem Klavier spielte. Und vor allem in ihrem Herzen.

Meine Oma Helene und mein Opa Manfred hatten ein paar Monate vor seinem Tod gemeinsam beschlossen, in ein Altenheim zu ziehen - näher zur Familie, damit wir sie öfter besuchen konnten. Es war für sie beide ein großer Schritt, aber Oma Helene hatte darauf bestanden.

Sie wollte, dass sie versorgt waren, dass jemand nach ihnen sah, falls es ihnen irgendwann schwerfiel, alleine zurechtzukommen. Nach Opas Tod veränderte sich alles.

Jolies Oma zog sich zurück, sprach weniger und schien oft in Gedanken versunken. Es war, als hätte sie mit ihm nicht nur ihren Ehemann, sondern auch einen Teil ihrer eigenen Welt verloren. Anfangs hielten wir es für Trauer, dachten, sie bräuchte einfach Zeit, um mit dem Verlust klarzukommen.

Doch dann begannen die kleinen Dinge: Sie legte ihre Brille an ungewöhnliche Orte und wusste nicht mehr, wo sie war. Sie erzählte Geschichten, vergaß aber mitten im Satz, worüber sie sprach. Sie fragte nach Dingen, die sie gerade erst erfahren hatte. Mit der Zeit wurde es schlimmer. Sie fragte nach Opa, als wäre er nur kurz weggegangen. Sie wusste nicht mehr, ob sie schon gegessen hatte, und manchmal erkannte sie die Pfleger nicht mehr, die sie täglich umsorgten. Papa und mein Onkel sahen die Veränderungen und wussten, dass sie Hilfe brauchte. Zum Glück war sie bereits in einem Heim, in dem sich die Pfleger um sie kümmerten - doch es tat weh, zu sehen, wie sie sich veränderte, wie die Frau, die einst so lebendig gewesen war, Stück für Stück verblasste.

Wir besuchten sie so oft wir konnten.

Manchmal gingen wir spazieren oder holten ihr ein Eis - ihre Lieblingssorte war Amarenakirsch, und ich glaube, ich habe sie nie eine andere Sorte essen sehen.

An guten Tagen erkannte sie uns sofort, lächelte und erzählte Geschichten von früher. Aber dann kam dieser eine Tag, ein warmer Sommertag, an dem sich alles änderte.

Papa und ich wollten mit ihr eine Runde um das Heim spazieren. Als wir aus dem Auto ausstiegen und in Richtung See gingen, sah sie mich lange an. Ihr Blick war leer, fragend.

„*Wer bist du?*" fragte sie schließlich leise.

Mein Herz setzte einen Schlag aus. Papa legte sanft seine Hand auf ihre Schulter.

„*Mama, das ist Jolie, meine Tochter, du kennst sie doch!.*"

Oma blinzelte, musterte mich, als würde sie in ihrem Kopf nach einer Erinnerung suchen, aber nichts finden. Schließlich nickte sie langsam, doch ich wusste, dass sie mich nicht erkannte.

Ich zwang mich zu einem Lächeln, tat so, als wäre nichts passiert. Aber an diesem Abend, als alle schliefen, weinte ich leise in mein Kissen. Nacht für Nacht. Niemand wusste, wie sehr es mich verletzte.

Nach diesem Tag gab es immer wieder Momente, in denen sie mich nicht erkannte.

Doch dann, manchmal, sprach sie von mir - aber nicht als die junge Frau, die vor ihr stand, sondern als das kleine Mädchen, das ich einmal war.

Sie erzählte von meiner Kindheit, von meinen Zöpfen und davon, wie ich als Kind auf ihrem alten Klavier klimperte. Sie erinnerte sich an mich - aber nur an die Version von mir, die längst vergangen war.

Und der Rest... er war weg, die Version die Jolie nun war, erkannte sie nicht mehr! Und das traf etwas in Jolie, was tiefe Dornen in ihr Herz gestochen hatte!..... und die Zeit? Sie rannte...

Jolies Zeit lief und lief ohne halt, und schon ging es zur letzten Therapie...

Kurz nach der letzten Therapie Sitzung wusste Jolie das im August ihre Ausbildung beginnen würde, sie hatte also noch etwas Zeit sich darauf vorzubereiten. Denn es war erst Anfang März, sie hatte noch zwei Monate Schule vor sich, dann waren Prüfungen!

Jolies Schulzeit... Ein Kampf zwischen Coolness und Bedeutungslosigkeit...

Jolie saß gelangweilt in der letzten Reihe des Klassenzimmers, ihr Blick schweifte durch den Raum, während der Lehrer vorne über Matheformeln sprach, die sie nicht interessierten.

Ihre Beine baumelten unter dem Tisch, und sie kritzelte mit ihrem Kugelschreiber kleine Muster auf das Papier vor sich.

Sie wusste längst, dass es wieder eine schlechte Note werden würde. Es war immer dasselbe.

Sie hatte sich längst daran gewöhnt.

Die Schule war für sie nichts weiter als eine Zeit, die sie irgendwie hinter sich bringen musste. Sie hatte nie wirklich einen Sinn darin gesehen, sich anzustrengen.

Warum auch?

Einen Ausbildungsplatz hatte sie sowieso schon in der Tasche, und die Lehrer schienen ohnehin kein Interesse an ihr zu haben, außer wenn sie mal wieder negativ auffiel.

Und das tat sie oft.

Auf der Gesamtschule war Jolie schon nicht die Beste gewesen.
Aber damals hatte sie wenigstens noch so getan, als würde sie es
versuchen.

Sie hatte Hausaufgaben halbherzig abgeschrieben, sich mündlich
gerade so beteiligt, dass sie nicht völlig unterging.

Doch auf der Berufsschule hatte sich das geändert. Hier hatte sie
schnell gemerkt, dass es viel einfacher war, einfach gar nichts zu
tun.

Stattdessen konzentrierte sie sich darauf, sich einen Platz in der
„coolen Gruppe" zu erarbeiten - und das hatte sie mit harter Arbeit
getan. Allerdings nicht mit Lernen, sondern mit genau dem
Gegenteil.

Sie respektierte die Lehrer nicht, gab freche Antworten, ließ
Arbeiten unberührt auf ihrem Tisch liegen und rollte genervt mit
den Augen, wenn jemand sie auf ihr Verhalten ansprach.

Sie wusste, dass sie sich selbst die Noten versaute, aber es war ihr
egal. Jolie verstand erst nach ihrer Schulzeit was sie getan hatte, in
dem Moment blendete sie alles aus und wenn ihre Familie.

Dinge wie „Jolie, Schule ist wichtig!" oder „du wirst später mit so
Noten nichts erreichen!" zu ihr sagten, dann war es Jolie auch egal!
Was später betrachtet einfach nur dumm war!

Aber Jolie hatte sich ihre eigene kleine Gefängniswelt gebaut, dass
sie auf nichts und niemanden mehr hörte!

Es war ja nicht so, als würde sie wirklich an eine Zukunft glauben.
Auch wenn sie ein Funken Einsicht in der Therapie hatte...

In der Berufsschule war es anders als auf der Gesamtschule.
Hier war sie nicht mehr die, die irgendwie mitlief - hier gehörte sie
dazu.

Sie hatte sich einen Platz in der Gruppe der Coolen erkämpft, und
sie wusste genau, was sie dafür tun musste.

Nicht lernen.

Nichts ernst nehmen.

Gegen alles sein.

Es war fast schon ironisch: Während andere versuchten, sich durch gute Leistungen Respekt zu verdienen, hatte Jolie es genau andersrum gemacht.

Sie hatte sich Respekt verdient, indem sie so tat, als würde ihr alles egal sein. Doch tief in ihr drin wusste sie, dass es nicht stimmte.

Wenn es eine Sache gab, die Jolie wirklich an der Schule hielt, dann war es Sarah.

Sie waren nicht in derselben Klasse, aber das spielte keine Rolle.

Was zählte, waren die Pausen.

Die wenigen Minuten zwischen dem ganzen Unsinn, in denen sie sich wirklich auf etwas freuen konnte.

Sarah war anders als sie.

Nicht in dem Sinne, dass sie die perfekte Schülerin war - ganz im Gegenteil. Aber sie hatte eine Leichtigkeit an sich, eine Art, mit allem umzugehen, die Jolie bewunderte.

Wenn sie zusammen waren, fühlte sich alles für einen Moment nicht ganz so schwer an. Sie lachten, redeten über belanglose Dinge, erzählten sich von dummen Momenten im Unterricht.

Und dann, viel zu schnell, war die Pause wieder vorbei.

Nach der Schule, wenn ihr Stundenplan es zuließ, fuhren sie zusammen mit der Bahn nach Hause. Sie wohnten nicht weit voneinander entfernt - ein lustiger Zufall, der ihre Freundschaft noch enger machte.

Diese Fahrten waren für Jolie fast das Beste am Tag. Es war der einzige Moment, in dem sie sich nicht verstellen musste, in dem sie nicht „cool" sein musste.

Manchmal fragte sie sich, ob Sarah wusste, wie wichtig sie für sie war. Doch trotz Sarahs Gegenwart wurde Jolie in der Schule nicht besser.

Eigentlich wurde sie nur noch schlechter.

Es war ein endloser Kreislauf: schlechte Noten, Ärger mit den Lehrern, abschätzige Blicke von den „Strebern", die sie längst aufgegeben hatten.

Manchmal fragte sie sich, wie weit sie noch fallen konnte, bevor sie wirklich am Boden ankam.

Doch solange Sarah da war, konnte sie das alles irgendwie ertragen. Denn selbst wenn sie keinen Plan für die Zukunft hatte, selbst wenn sie sich selbst im Weg stand - in den Pausen, in der Bahn nach Hause, gab es für einen kurzen Moment das Gefühl, dass vielleicht doch nicht alles bedeutungslos war.

Und vielleicht, nur vielleicht, würde sie irgendwann herausfinden, was sie wirklich wollte.

Aber nicht heute.

Noch nicht.

Die Zeit rannte und Jolie verlor allmählich den Überblick!

Die Prüfungen standen an!

Jolie saß in ihrem Klassenraum, der extra für die Abschlussprüfungen vorbereitet worden war. Normalerweise wären sie in einer größeren Halle gewesen doch zu dem Zeitpunkt gab es schon 1 Jahr lang ein Weltweites Virus, dass wiederum verhinderte das sie alle zusammen gesetzt hatten!

Die langen Tischreihen, die tickende Uhr an der Wand, die angespannte Stille all das fühlte sich an wie eine Bühne für ihre größte Angst.

Sie hatte gelernt, dass Angst viele Gesichter hatte.

Manchmal war sie ein flüchtiges Unbehagen, manchmal ein dunkler Schatten, der ihr die Luft abschnürte. Heute war sie ein zitterndes Gefühl in ihrem Bauch, ein leises Flüstern in ihrem Kopf: ‚*Du schaffst das nicht.*"

Elf Jahre Schule lagen hinter ihr, elf Jahre voller Versuche, sich anzupassen, nicht aufzufallen, einfach nur durchzukommen.

Jolie war nie dumm gewesen, das wusste sie.

Ihre Lehrer hatten es ihr gesagt, ihre Eltern hatten es gewusst, selbst sie selbst hatte es tief in sich immer gespürt.

Und doch hatte sie sich nie wirklich getraut, ihr Potenzial zu zeigen.

Der Druck, dazuzugehören, nicht anzuecken, keine Angriffsfläche zu bieten - er hatte ihr Leben bestimmt.

Ihr Kopf war ihr größter Feind gewesen, er hatte ihr eingeredet, dass sie nicht gut genug war, dass sie es nicht wert war, es überhaupt zu versuchen.

Sie dachte an all die Momente, in denen sie sich zurückgehalten hatte. Als sie sich nicht meldete, obwohl sie die Antwort kannte. Als sie bei Gruppenarbeiten schwieg, weil sie Angst hatte, ihre Meinung könnte falsch sein.

Als sie Arbeiten mit einem Kloß im Hals abgab, nicht weil sie es nicht konnte, sondern weil ihr Kopf ihr einredete, dass es eh nicht gut genug war.

Und nun war sie hier, bei der letzten Prüfung ihrer Schulzeit.

Sie blickte auf das Aufgabenblatt vor ihr.

Die Wörter verschwammen vor ihren Augen, nicht weil sie schwer waren, sondern weil all die Selbstzweifel der letzten Jahre sich noch einmal aufbäumten, ein letztes Mal versuchten, die Kontrolle über sie zu gewinnen.

Jolie atmete tief ein.

Sie strich mit der Hand über das Papier, um sich zu erden, nahm ihren Stift in die Hand und begann zu schreiben.

Zum ersten Mal nicht aus Angst zu versagen, sondern aus dem Wunsch heraus, es endlich für sich selbst zu tun.

Doch als sie Wochen später ihr Ergebnis in den Händen hielt, fühlte es sich an, als würde ihr der Boden unter den Füßen wegbrechen. Sie hatte nicht bestanden.

Die Worte schienen sie auszulachen, sich in ihr Gedächtnis zu brennen: „*Nicht bestanden.*"

All die Hoffnung, all das, was sie sich in diesem einen Moment in der Prüfung geschworen hatte - es schien plötzlich wertlos.

Ihr Kopf schrie: „*Siehst du? Ich habe es dir doch gesagt. Du bist nicht gut genug.*"

Sie wusste, dass ihre Eltern enttäuscht waren.

Sie sagten es nicht direkt, aber sie konnte es in ihren Augen sehen, in dem kurzen Zögern, bevor sie Worte des Trostes fanden.

Doch so sehr es sie verletzte, es war nicht die Enttäuschung ihrer Eltern, die ihr am meisten wehtat.

Es war ihre eigene.

Denn tief in sich wusste sie die Wahrheit: Hätte sie früher angefangen, sich anzustrengen, hätte sie sich nicht von ihrer Angst zurückhalten lassen, hätte sie nicht all die Jahre im Schatten ihrer Zweifel gelebt - dann hätte sie es geschafft.

Jolie fühlte sich wie eine Gefangene ihrer eigenen Entscheidungen.

Sie erinnerte sich an all die Male, in denen sie ihre Bücher einfach zugeklappt hatte, nicht weil sie es nicht verstanden hatte, sondern weil ihr Kopf ihr sagte: *„Es bringt eh nichts."*

Sie erinnerte sich an die Stunden, die sie stattdessen damit verbracht hatte, sich unauffällig durch den Schulalltag zu schleichen, Hauptsache, niemand bemerkte, wie verloren sie sich fühlte.

Jetzt hatte sie den Preis dafür bezahlt. Und das war etwas, was sie sich nie verzieh.

Tagelang zog sie sich zurück, ließ die Welt an sich vorbeiziehen.

Ihr Kopf malte düstere Bilder von einer Zukunft, in der sie nichts erreichte, in der sie für immer gefangen blieb in diesem Gefühl des Versagens.

Doch eines Morgens, als sie in den Spiegel sah, wurde ihr etwas klar.

Diese Niederlage - sie war real.

Sie war schmerzhaft.

Aber sie war nicht das Ende. Jolie konnte die Zeit nicht zurückdrehen, aber sie konnte entscheiden, was sie jetzt daraus machte.

Sie konnte sich von dieser Enttäuschung auffressen lassen oder sie konnte sie als das nehmen, was sie war: *eine letzte, harte Lektion ihres alten Lebens.*

„*Nie wieder*," flüsterte sie ihrem Spiegelbild zu.

Nie wieder würde sie zulassen, dass ihr Kopf sie so klein machte.

Nie wieder würde sie sich von der Angst diktieren lassen, wer sie sein durfte.

Und zum ersten Mal verstand sie:

Ihr Versprechen war nicht gescheitert.

Es begann jetzt erst wirklich.

Jolie wusste, dass sie eine zweite Chance bekommen hatte.

Auch wenn sie die Prüfung nicht bestanden hatte, wartete bereits eine Ausbildungsstelle auf sie - ein neuer Anfang, ein neues Kapitel.

Und sie hatte zwei Monate Zeit, bevor dieser neue Teil ihres Lebens beginnen würde.

Zwei Monate, die nur ihr gehörten.

Zum ersten Mal seit langer Zeit fühlte sie sich nicht mehr gefangen in Erwartungen, Leistungsdruck und Angst.

Kein Lernen für Prüfungen, kein ständiges Vergleichen mit anderen.

Nur sie und die Freiheit, ihren Tag so zu gestalten, wie sie es wollte.

Sie verbrachte Stunden mit Büchern, verlor sich in Geschichten, die sie in andere Welten entführten. Sie liebte es, wie Worte eine ganze Realität erschaffen konnten, wie sie ihr halfen, die eigene Vergangenheit für einen Moment loszulassen.

Manchmal griff sie selbst zu einem Stift und ließ ihre Gedanken in Form von Zeichnungen aufs Papier fließen. Zeichnen war für sie schon immer eine Art Zuflucht gewesen - ein Ort, an dem es keine Fehler gab, keine richtigen oder falschen Antworten.

Nur Linien, Farben und Emotionen, die endlich ihren Weg nach draußen fanden.

Die Tage vergingen langsamer, angenehmer.

Sie genoss es, morgens ohne Druck aufzustehen, in den Tag hineinzuleben und einfach zu sein.

Sie ging spazieren, entdeckte Orte in ihrer Stadt, die sie vorher nie wirklich wahrgenommen hatte.

Sie saß stundenlang mit Sarah in Cafés, sie beobachteten Menschen, hörten Musik und ließen ihre Gedanken treiben.

Zum ersten Mal in ihrem Leben hatte sie das Gefühl, wirklich frei zu sein.

Frei von Noten, von Erwartungen, von der Angst zu versagen.

Kapitel 7:

„Das Träumer Kaffee"

„sie träumte von...!"

Es war, als würde sie sich selbst neu kennenlernen, Stück für Stück.

Natürlich gab es Momente, in denen die Zweifel zurückkamen - leise Stimmen in ihrem Kopf, die ihr zuflüsterten, dass sie hätte besser sein können, dass sie hätte mehr tun müssen.

Aber diesmal ließ sie sich nicht mehr von ihnen beherrschen.

Sie nahm sie wahr, aber sie ließ sie weiterziehen, wie Wolken an einem Sommerhimmel.

Denn sie wusste: *Ihr altes Leben mochte geendet haben, aber ihr neues hatte gerade erst begonnen.*

Ein Tag trafen sich Sarah und Jolie im Café.

Das Café lag im obersten Stock des Einkaufszentrums, direkt neben der großen Dachterrasse.

Es war einer dieser Orte, an denen man das Gefühl hatte, sich für eine Weile aus dem Chaos der Welt zurückziehen zu können.

Draußen bewegten sich die Menschen in alle Richtungen - einige in eile, andere entspannt schlendernd, manche allein, manche in Gruppen.

Drinnen saßen Jolie und Sarah an ihrem Lieblingstisch am Fenster, mit perfektem Blick auf die Stadt.

Vor ihnen standen zwei dampfende Tassen Kakao mit Sahne, daneben ein Stück Schokoladenkuchen, das sie sich teilten.

Die Luft roch nach frisch gebrühtem Kaffee und warmem Gebäck, während gedämpfte Gespräche und das gelegentliche Klirren von Geschirr den Raum füllten.

Jolie stützte ihr Kinn auf ihre Hand und beobachtete die Menschen, die unten auf der Straße entlangliefen.

„Okay, Sarah. Such dir eine Person aus und erzähl mir ihre Geschichte."

Sarah grinste und nahm sich einen Moment Zeit, um sich umzusehen.

Dann zeigte sie auf eine Frau in einem eleganten beigen Mantel, die schnellen Schrittes durch die Menge ging, das Handy am Ohr und eine große Handtasche in der anderen Hand.

„Siehst du die da? Das ist Katharina. Sie ist Anwältin, gerade auf dem Weg zu einem super wichtigen Termin. Aber das ist nicht das Spannende."

Sarah lehnte sich verschwörerisch näher.

„Eigentlich wäre sie lieber Malerin geworden. Ihr Traum war es, in einem Atelier in Paris zu arbeiten, aber ihr Vater bestand darauf, dass sie etwas ‚Vernünftiges' lernt.

Jetzt arbeitet sie in einer Kanzlei, verdient viel Geld, aber manchmal fragt sie sich, ob das alles wirklich das ist, was sie will.

Jolie zog die Augenbrauen hoch und lächelte.

„Interessant. Und wie geht es weiter?"

Sarah tippte mit dem Finger nachdenklich auf den Tisch.

„Heute Abend wird sie nach Hause kommen, sich auf ihr Sofa setzen und aus einem Impuls heraus ihre alten Malutensilien rausholen.

Und vielleicht - nur vielleicht - wird sie zum ersten Mal seit Jahren wieder ein Bild malen."

Jolie lachte leise. „Okay, nicht schlecht.

Jetzt bin ich dran."

Sie ließ ihren Blick über die Straße wandern, bis sie einen jungen Mann in einem blauen Hoodie entdeckte, der mit Kopfhörern in den Ohren durch die Menge ging.

„Siehst du den da? Das ist Tim. Er ist Musiker, aber noch niemand kennt ihn. Jeden Abend sitzt er in seinem kleinen WG-Zimmer und schreibt Songs, doch er traut sich nicht, sie hochzuladen.

Heute ist er hier, weil er in einem Musikladen eine neue Gitarre ausprobiert hat, die er sich eigentlich nicht leisten kann.

Aber er hat sich geschworen, dass er, sobald er seinen ersten richtigen Gig bekommt, genau diese Gitarre kaufen wird."

Sarah nickte anerkennend.

„Ich mag Tim. Ich hoffe, er wird berühmt."

Jolie nahm einen Löffel Sahne von ihrem Kakao und zuckte mit den Schultern. „Wer weiß? Vielleicht sehen wir ihn in ein paar Jahren auf einer großen Bühne."

Sie schwiegen einen Moment und sahen einfach nur hinaus auf die Stadt.

Die Sonne stand tief, tauchte die Gebäude in goldenes Licht, während die Menschen weiterhin ihrem Alltag nachgingen.

„Denkst du, jemand beobachtet uns gerade und denkt sich eine Geschichte über uns aus?" fragte Sarah plötzlich.

Jolie grinste und drehte sich halb zur Menge um.

„Vielleicht. Und was würde die Geschichte über uns sein?"

Sarah tat so, als würde sie überlegen.

„Zwei Mädchen, die nach einem schweren Schuljahr hier sitzen und einfach den Moment genießen. Die über Menschen nachdenken, über das Leben, über die Zukunft. Vielleicht schreiben sie bald ihre eigenen Geschichten."

Jolie lächelte und nahm einen Schluck Kakao.

„Klingt nach einem guten Plan."

Und während die Welt draußen weiterzog, saßen sie dort, zwischen Geschichten und Träumen, und ließen den Moment einfach geschehen.

Eine ganze Weile saßen sie einfach nur da und dachten darüber nach was in den Köpfen all dieser Menschen für einen inneren Sturm sorgte...

Jolie hatte das Gefühl das sie nach der Schulzeit ein neuer Mensch sein könnte... doch wie immer kam alles anders als Jolie es geplant hatte, dieses Mal war es aber nichts, was in ihren Händen lag...

27.04.2021... 18:30 Uhr

Ich erinnere mich an jedes Detail dieses Tages.

175

An das Licht, das durch unser Wohnzimmerfenster fiel.

An das Summen des Kühlschranks in der Küche.

An das leise Ticken der Wanduhr, das plötzlich viel lauter wirkte, als ob die Zeit für einen Moment stehen blieb.

Ich saß auf der Couch, als das Telefon klingelte. Es war ein ganz normaler Nachmittag - oder er hätte es sein sollen.

Ich achtete kaum darauf, als Mama ranging, doch dann hörte ich es.

Diese ernste, ruhige Stimme am anderen Ende der Leitung.

Eine Ärztin.

Ich sah, wie Mamas Gesicht erstarrte, wie ihre Hand sich um das Telefon klammerte, als würde sie sich daran festhalten müssen.

„*Wir haben einen Tumor gefunden*", sagte die Ärztin.

Mein Herz schlug schneller.

Ein Tumor.

Brust.

Chemotherapie.

All diese Worte schwirrten in meinem Kopf herum, bevor ich sie überhaupt richtig begreifen konnte.

Ich traute mich nicht, zu atmen, mich zu bewegen, geschweige denn zu fragen.

Doch ich wusste, dass Mama es gemerkt hatte.

Langsam legte sie das Telefon auf den Tisch und atmete tief ein.

Dann drehte sie sich zu mir, zwang sich zu einem Lächeln, das ihre Augen nicht erreichte.

„Jolie..." Ihre Stimme war sanft, aber fest.

„*Ich muss dir etwas sagen*."

Ich sagte nichts. Ich konnte nichts sagen.

Ich wusste es bereits.

Mama setzte sich neben mich, nahm meine Hände in ihre.

Sie waren warm, vertraut - doch in diesem Moment fühlten sie sich anders an. Zerbrechlicher.

„*Ich habe Brustkrebs*."

Da war es.

Ausgesprochen.

Kein Zurück mehr.

Ich wollte etwas sagen, wollte so tun, als wäre ich stark, als würde ich nicht in Panik geraten.

Aber ich schaffte es nicht.

Die erste Träne fiel, lautlos, brennend heiß auf meine Wange.

Und sobald sie gefallen war, konnte ich nichts mehr zurückhalten. Ich weinte.

Ich weinte, als hätte mein Körper beschlossen, all die Angst, all die Verzweiflung auf einmal loszulassen. Ich wollte nicht, dass es wahr war. Ich wollte nicht, dass meine Mama krank war.

Mama zog mich in ihre Arme, hielt mich so fest, dass ich ihren Herzschlag spüren konnte.

„Es *wird alles gut*", flüsterte sie.

„*Ich werde kämpfen, Jolie. Ich verspreche es dir.*"

Ich hörte, wie ihre Stimme zitterte.

Sie wollte nicht weinen.

Sie wollte stark sein.

Aber ich wusste, dass sie genauso Angst hatte wie ich.

„*Warum du?*" flüsterte ich in ihre Schulter.

„*Warum muss das passieren?*"

Mama strich mir sanft über den Rücken.

„*Manchmal passieren Dinge einfach. Wir können uns nicht aussuchen, was das Leben uns gibt. Aber wir können entscheiden, wie wir damit umgehen.*"

Ich wollte das nicht hören.

Ich wollte, dass sie mir sagte, dass es ein Irrtum war, dass alles gut werden würde, ohne Zweifel, ohne Schmerz. Aber so funktionierte das Leben nicht.

Der Sommer, der doch eigentlich ein neuer Anfang für mich sein sollte - meine Ausbildung im Hotel, meine Pläne, endlich nach vorne zu schauen - wurde auf einmal zu etwas ganz anderem.

Aber das war jetzt nicht wichtig.

Das Einzige, was zählte, war, dass Mama da war. Und dass ich sie nicht verlieren wollte.

Der Schock dieser Nachricht saß tief in mir... und Tage, Wochen, ja sogar Monate vergingen in denen die Angst mein ständiger Begleiter war!

Ich sah wie es Mama immer schlechter ging! Wie ihre Haut eine andere Farbe annahm ... Blasser, Grauer, ja sogar rissig und bläulich an manchen Tagen, die Chemo nagte an ihr!!!

Doch als drei Monate nach der schrecklichen Nachricht im August die Ausbildung begann, war Jolie nicht Herr ihrer Sinne, ihre Emotion die so oder so immer ein auf und ab waren, wurden jetzt erst recht ein Feind, mit dem Jolie jeden Tag Krieg führte!

Jolie und der erste Tag an der Kings-Schule zur Ausbildung!

Der Motor verstummte.

Stille.

Das Summen der vorbeifahrenden Autos und das gedämpfte Stimmengewirr von Schülern, die vor der Schule standen, drang durch die geschlossenen Fensterscheiben.

Jolie saß regungslos auf dem Beifahrersitz, die Hände in den Schoß gelegt, die Finger ineinander verkrampft. Ihr Blick war auf das große, helle Gebäude vor ihr gerichtet, aber ihre Augen sahen es nicht wirklich. Alles in ihr war angespannt, ihr Magen zog sich schmerzhaft zusammen.

„Alles okay?"

Die Stimme ihres Vaters war ruhig, sanft, aber bestimmt.

Jolie zuckte mit den Schultern, ohne ihn anzusehen.

„Ja."

Natürlich war nichts okay.

Nichts an diesem Tag fühlte sich richtig an.

Ihr Kopf war voll mit Gedanken, mit Sorgen, mit einer lähmenden Angst.

Der erste Tag an der neuen Schule - fremde Gesichter, unbekannte Abläufe, Erwartungen, die sie nicht erfüllen konnte oder wollte.

Ihr Vater ließ ihr einen Moment Zeit, dann räusperte er sich.

„Ich geh mit dir bis zur Tür."

Sofort drehte sie den Kopf zu ihm.

„Papa, nein! Das ist peinlich!"

Er zog eine Augenbraue hoch und grinste leicht.

„Peinlich wäre, wenn ich jetzt aussteige und laut ,Viel Erfolg, mein Schatz!' rufe."

Jolie stöhnte auf und lehnte ihren Kopf gegen die Kopfstütze.

„Bitte nicht."

„Keine Sorge." Sein Ton wurde wieder ernst.

„Aber ich rede mit deiner Lehrerin. Nur kurz."

Sie wollte protestieren.

Wirklich. Aber irgendetwas hielt sie zurück.

Sie kannte ihn.

Wenn er sagte, dass er das regelte, dann würde er das auch tun.

Und tief in ihrem Inneren - dort, wo sie ihre Unsicherheiten vor sich selbst versteckte - wusste sie, dass es gut war, ihn an ihrer Seite zu haben.

Also schwieg sie und nickte kaum merklich.

Ihr Vater nahm den Schlüssel aus dem Zündschloss, öffnete die Tür und stieg aus.

Jolie folgte langsam.

Die Luft war warm, aber sie fröstelte trotzdem. Ihre Beine fühlten sich schwer an, als würde sie durch Wasser laufen.

Vor dem Eingang wimmelte es von Schülern, die in Gruppen standen, lachten, sich begrüßten, als würden sie sich schon ewig kennen.

Jolie kannte niemanden.

Sie zog die Schultern hoch, als könnte sie sich dadurch unsichtbar machen.

Ihr Vater ging mit selbstbewussten Schritten voraus, während sie etwas zögerlicher hinter ihm herlief.

Sie fühlte sich klein neben ihm, obwohl sie längst nicht mehr das kleine Mädchen von früher war.

Dann waren sie drinnen.

Der Gang war nicht sehr hell, die Luft roch nach Reinigungsmitteln und Papier. Die Stimmen der Schüler klangen dumpf hinter den Klassenzimmertüren.

Sie spürte, wie ihr Herz schneller schlug.

„Ich bin gleich wieder da", sagte ihr Vater leise. Dann öffnete er die Tür zum Klassenraum und verschwand.

Jolie blieb davor stehen, wagte es nicht, hineinzuschauen.

Stattdessen konzentrierte sie sich darauf, gleichmäßig zu atmen.

Ein paar Sekunden vergingen. Oder vielleicht auch Minuten.

Sie konnte es nicht sagen.

Dann öffnete sich die Tür wieder, und ihr Vater trat heraus.

Die Schüler saßen noch nicht im Raum, wie Jolie merkte, sie kamen erst jetzt nach und nach, und als alle saßen ging Jolie auch rein, die Lehrerin ging mit meinem Vater für ein privates Gespräch vor die Tür!

Kurze Zeit später schrieb er mir „alles geregelt!"

Als die Lehrerin zur selben Zeit wieder reinkam!

„Es gibt heute keine Vorstellungsrunde an der Tafel." Schrieb er noch hinterher.

Ich antwortete nur mit „Echt?"

Er wiederum antwortete mit: *„Nur Name, Alter, Hotel - vom Platz aus.*"

Jolie spürte, wie sich ein kleiner Knoten in ihrer Brust löste. Es war immer noch beängstigend, aber nicht mehr unüberwindbar.

„*Danke*", war das was sie dazu noch sagte.

Ihr Vater wie er nunmal war schrieb. „*Jederzeit.*"

und mit Jederzeit meine er auch Jederzeit

Sie verdrehte gespielt die Augen auch wenn er es nicht sah.

„*Jetzt geh schon, bevor es doch noch peinlich wird.*" Weil er noch sichtlich vor der Tür stand!

Er lachte leise, und drehte sich um und ging.

Jolie atmete tief ein. Dann straffte sie die Schultern, und schaute sich erst einmal im Raum um.

Die Gespräche verstummten nicht, als sie dort saß.

Niemand starrte sie an.

Keiner schien es merkwürdig zu finden, wie sie es gewohnt war.

Das beruhigte sie ein wenig.

Sie hatte sich an einen freien Platz am Fenster gesetzt, hielt den Kopf gesenkt, als wolle sie nicht auffallen.

Dann trat die Lehrerin nach vorn.

„*Nun, ihr Lieben, heute bleiben wir mal sitzen und stellen uns vor: Name, Alter und in welchem Hotel ihr arbeitet.*"

Jolie atmete aus. Es würde gehen.

Jolies Herz schlug wie wild in ihrer Brust, als der prüfende Blick der Lehrerin sie traf.

Für einen Moment schien die Zeit stillzustehen, und das Pochen in ihren Ohren war ohrenbetäubend laut. Es war ihre Runde - der Augenblick, den sie sich so sehr fürchtete.

Mit zittriger Stimme und klopfendem Herzen hob sie den Blick, zwang sich zu einem schüchternen Lächeln und sprach leise:

„*Ich bin Jolie, 18 Jahre alt, und arbeite im Queens Hotel.*"

(Den echten Schul- & Hotelnamen lassen wir mal beiseite.)

Für einen flüchtigen Moment schienen ihre Worte in der Stille zu verhallen. Die Lehrerin nickte verständnisvoll, und ein sanftes Lächeln umspielte ihre Lippen.

In diesem Augenblick war Jolie überrascht, wie klar und fest ihre Stimme klang - als hätte sie, trotz der inneren Angst, einen Teil ihres Mutes gefunden.

Die Mitschüler hörten aufmerksam zu, und niemand schien sie in irgendeiner Weise zu verurteilen. Es war, als hätte die Schule in diesem Moment einen sicheren Raum geschaffen, in dem man sich vorstellen und einfach man selbst sein durfte.

Dennoch blieb die Angst tief in ihr verankert. Auch wenn der Tag ohne negative Begegnungen verlief, hatte sie das Gefühl, dass die Furcht immer ein leiser Begleiter bleiben würde - ein Schatten, der sie daran erinnerte, wie verletzlich sie sich fühlte.

Während der Rest der Vorstellungsrunde in einem freundlichen, fast routinierten Ton weiterging, spürte Jolie, wie jeder Atemzug ein kleiner Sieg gegen die ständige Nervosität war.

Jede positive Rückmeldung, jeder freundliche Blick, gab ihr das Gefühl, ein Stück mehr anzukommen, auch wenn die innere Anspannung nie ganz verflog.

So saß sie da, umgeben von neuen Bekanntschaften und unerforschten Möglichkeiten, und wusste insgeheim, dass sie lernen würde, mit dieser Angst zu leben - vielleicht sie sogar zu überwinden.

Vielleicht würde es aber auch noch eine Weile dauern!

Denn trotz der anhaltenden Furcht war jeder Moment an diesem Tag ein Schritt in Richtung Selbstvertrauen und ein Zeichen, dass sie stärker war, als sie oft glaubte.

Die ersten Tage in ihrer Ausbildung:

Der erste Tag Jolies Ausbildung begann mit einem Kloß im Hals und einem brennenden Gefühl in meiner Brust.

Jolie hatte kaum geschlafen. Nicht, weil sie nervös war - sondern weil ihre Gedanken sie nicht losließen.

„Was, wenn ich das nicht schaffe? Was, wenn ich abbreche? Was, wenn Mama mich braucht und ich nicht da bin?"...

Ich stand vor dem großen Hoteleingang und atmete tief ein.

Die riesigen Fenster spiegelten mein Gesicht wider - blass, müde, mit dunklen Augenringen. Ich strich mir eine Strähne aus dem Gesicht und zwang mich, durch die automatische Tür zu gehen.

Einfach reingehen.

Einen Fuß vor den anderen setzen.

Drinnen war alles edel, modern, sauber.

Der Empfangsbereich war hell erleuchtet, das Personal wirkte geschäftig, aber freundlich. Ich fühlte mich fehl am Platz.

Hier ging es um Perfektion, um Höflichkeit, um Professionalität.

Ich aber fühlte mich innerlich zerrissen, als würde ich kaum zusammengehalten von einem dünnen Faden, der jederzeit reißen könnte. Meine Ausbilderin begrüßte mich mit einem kurzen Nicken.

„Willkommen im Team. Die nächsten Monate bist du im Housekeeping eingeteilt."

Ich nickte nur stumm.

Housekeeping. Ich wusste, was das bedeutete: Zimmerreinigung, Betten abziehen, Toiletten putzen. Eine Arbeit, die viele verachteten, aber die dafür sorgte, dass Gäste sich wohlfühlten. Eine Arbeit, die kaum jemand bemerkte - es sei denn, sie wurde nicht gemacht.

Ich bekam eine kurze Einweisung, fand den Weg in den Keller des Hotels, dort wo die ganzen Reinigungsfrauen schon am Sortieren ihres Wagens waren.

Und ich?

Ich mitten drin... alle grüßten mich, stellten sich aber nicht vor, jeder war so darin vertieft genug Putzlappen auf dem Wagen zu haben, das sie gefühlt nichts anderes warnahmen.

Ich Kämpfte sowieso laufend mit den Tränen, so emotional wie ich geladen war, aber es war auszuhalten... bis eine Frau Mitte dreißig in den Raum reinplatze.

Ihr stand schon im Gesicht geschrieben „*bloß nicht ansprechen, ich könnte grade jemanden umbringen!*"

Ich stand vor ihr und wie alles immer kam, war genau das die Frau, mit der ich zusammen auf die Zimmer gehen sollte, sie musterte mich... von oben bis unten!

Ich sollte den Wagen durch einen engen Gang in Richtung Fahrstuhl schieben, da er sich schwer lenken ließ, dauerte es einen Moment, aber sie sah mich verbittert an und sagte:

„*na toll wieder so eine die nichts hinbekommt!*"

In dem Moment wäre ich am liebsten einfach nachhause gegangen. Aber dann stand ich mit meinem Housekeeping-Wagen auf der Etage, wo ich arbeiten sollte. Die Wagen waren groß und schwer, beladen mit frischer Bettwäsche, Handtüchern, Putzmitteln und Staubsaugern.

Ich würde jeden Tag damit von Zimmer zu Zimmer gehen, jedes einzelne sorgfältig reinigen, alles auf Hochglanz bringen.

Kaum hatte ich begonnen, klammerte sich der Gedanke ans Abbrechen an mich.

Ich kann das nicht.

Ich gehöre nicht hierher.

Ich sollte bei Mama sein.

Ich tat es nicht. Aber der Gedanke war da und er ließ mich nicht los.

Die ersten Tage waren eine Mischung aus körperlicher Erschöpfung und emotionalem Chaos.

Ich hatte mir nie Gedanken darüber gemacht, wie anstrengend es war, ein Hotelzimmer perfekt zu reinigen. Ich lernte, wie man Betten in wenigen Minuten bezieht, wie man Toiletten so putzt, dass sie makellos aussehen, wie man Staub wischt, ohne einen Fleck zu hinterlassen.

Jeden Morgen begann meine Schicht mit einer Kontrolle meines Wagens. Ich überprüfte, ob genug Bettwäsche da war, ob alle Handtücher ordentlich gestapelt waren, ob die Putzmittel aufgefüllt waren.

Dann ging es los - Zimmer für Zimmer, Stockwerk für Stockwerk.

Ich reinigte still, fast mechanisch.

Mein Körper arbeitete, aber mein Kopf war ganz woanders.

Ich dachte an Mama.

Daran, wie sie ihre ersten Chemotherapien bekam. Wie sie lächelte, um mich nicht zu belasten, obwohl sie blass und erschöpft war.

Meine Kollegen wussten, was los war.

Sie wussten, dass meine Mutter Krebs hatte, dass ich nicht einfach nur müde war, sondern innerlich kämpfte.

Aber niemand sprach es an.

Und das war vielleicht das Schlimmste daran - dieses Schweigen.

Ich wusste nicht, ob sie mich nicht darauf ansprachen, weil sie dachten, es wäre besser so, oder weil sie einfach nicht wussten, was sie sagen sollten.

Ich fühlte mich allein.

Also funktionierte ich einfach weiter.

Ich tat, was man von mir erwartete. Ich zog meine Handschuhe an, schrubbte Waschbecken, polierte Spiegel, schüttelte Kissen auf.

Ich arbeitete in einem Rhythmus, der mich für ein paar Stunden vergessen ließ, dass meine Welt gerade in sich zusammenbrach.

Aber sobald ich eine kurze Pause hatte - wenn ich für einen Moment in einem leeren Flur stand oder mich mit meinem Wagen in eine Ecke drückte - kamen die Tränen.

Still, heimlich.

Ich rieb mir die Augen, atmete tief durch, zwang mich, wieder die Kontrolle zu übernehmen. Denn wer konnte es mir übel nehmen? Wer wäre nicht belastet, wenn es um seine Mutter ging?

Es gab Momente, in denen ich in einem frisch gereinigten Zimmer stand, durch das Fenster nach draußen blickte und mir wünschte, einfach woanders zu sein.

Ich sah Menschen auf den Straßen, Gäste, die lachten, entspannt Kaffee tranken, als gäbe es nichts auf der Welt, das sie bedrückte.

Ich fragte mich, wie es sich anfühlen würde, nicht ständig dieses Gewicht auf der Brust zu tragen.

Wie es wäre, sich einfach nur über einen neuen Job zu freuen, ohne gleichzeitig Angst zu haben, dass Zuhause alles auseinanderfällt.

Nach vier Wochen kannte ich jedes Muster der Teppiche auf den Fluren, wusste, wie viele Schritte ich von der einen Ecke des Hotels zur anderen brauchte. Es war Routine geworden.

Und vielleicht war das gut so.

Vielleicht hielt mich genau das irgendwie zusammen.

Ich dachte immer noch ans Aufhören.

Aber jedes Mal, wenn ich nach Hause kam und Mama mich ansah - mit diesem Blick, der mir sagte, dass sie wusste, wie schwer es war, aber dass sie wollte, dass ich weitermachte - wusste ich, dass ich es nicht tun würde.

Mama kämpfte.

Also musste ich es auch.

Zwischen Türrahmen und Tränen

Jolie stand mitten im Türrahmen zwischen der Lobby und der Küche.

Ihre Finger krallten sich unbewusst in das Stofftuch, das sie in den Händen hielt, während ihr Blick auf den Boden gerichtet blieb.

Ihr Herz schlug schneller, ein unangenehmes Ziehen machte sich in ihrer Brust breit.

Sie wollte nur kurz in die Küche, ein Glas Wasser trinken, sich für einen Moment sammeln, bevor sie weiterarbeitete.

Doch dann hörte sie es.

Die Stimmen ihrer Kollegen.

Sie hätte sofort umdrehen sollen.

Hätte sich aus der Situation ziehen können, bevor ihre Worte in ihr Bewusstsein drangen.

Aber sie stand einfach da - und hörte alles.

„*Wieso muss man denn immer weinend auf'm Klo sitzen?*" fragte eine der Rezeptionistinnen abfällig.

Lautes Lachen folgte.

Fünf weitere Kollegen stimmten zu.

„*Ganz ehrlich, als ob sich das Hotel um ihre Probleme schert*", meinte eine andere genervt.

„*Man kann ja mal traurig sein, aber bitte nicht jeden Tag.*"

Jolies Atem stockte.

Ein stechender Schmerz zog durch ihren Brustkorb, während sich ihr Magen verkrampfte.

Sie wusste sofort, dass sie gemeint war.

Wer sonst verschwand regelmäßig auf der Toilette, um sich für einen Moment zurückzuziehen?

Wer sonst versuchte, still und heimlich Tränen wegzuwischen, bevor jemand es bemerkte?

Sie.

Sie dachten also, sie würde übertreiben.

Sie fanden es peinlich.

„*Wenn sie's nicht packt, soll sie halt gehen*", warf ein älterer Kollege aus dem Service ein.

Ein paar stimmten ihm zu. Ein anderer lachte leise und fügte spöttisch hinzu:

„*Vielleicht hofft sie ja, dass jemand kommt und sie tröstet.*"

Wieder lachten sie.

Jolie stand regungslos da, während ihre eigene Realität sich anhörte wie der Stoff eines schlechten Witzes.

Ihre Kehle fühlte sich trocken an, ihre Lippen bebten leicht.

Sie hatte nie um Mitleid gebeten.

Nie darum gebeten, dass jemand kam und ihr gut zuredete.

Sie wollte nicht bemitleidet werden, sie wollte einfach nur durch den Tag kommen, ohne das Gefühl zu haben, unterzugehen.

War das wirklich so schwer zu verstehen?

Offenbar ja.

Jolies Blick verschwamm leicht. Ihr Kopf schrie danach, sich umzudrehen, etwas zu sagen, sich zu wehren. Doch sie wusste genau, wie es ablaufen würde: Ein Augenrollen, ein genervtes „*Jetzt fängt sie auch noch an zu diskutieren*". Oder noch schlimmer - sie würden lachen.

Wieder.

Also schwieg sie...!!!

Sie schluckte schwer und atmete tief durch. Dann löste sie langsam ihre Finger aus dem Stofftuch, das mittlerweile völlig zerknüllt war, und drehte sich auf dem Absatz um. Ihr Magen war ein einziger Knoten aus Wut und Enttäuschung.

Sie musste weg.

Einfach nur weg.

Jolie war eine Woche krankgeschrieben.

Offiziell.

In Wahrheit war sie nicht krank im klassischen Sinne - kein Fieber, keine Erkältung, kein gebrochener Arm.

Aber ihr Kopf, ihre Seele, ihr Herz... die waren erschöpft, ausgebrannt, schwer.

Ihr Arzt hatte es verstanden. Er hatte sie angesehen, ihr zugehört und schließlich das Attest ausgestellt.

Neben dem üblichen „arbeitsunfähig" hatte er eine Anmerkung hinzugefügt: *Psychische Belastung.*

Es fühlte sich komisch an, es so schwarz auf weiß zu sehen.

Ein Stück Papier, das bestätigte, was sie längst wusste - sie war nicht okay. Und doch gab ihr das Attest keinen Trost.

Denn sie wusste, was es bedeutete, in der Arbeitswelt krank zu sein. Besonders mit einer Begründung wie dieser.

Man würde sie hassen.

Und sie hatte recht.

Als Jolie nach einer Woche wieder das Hotel betrat, spürte sie es sofort.

Die Blicke.

Nicht direkt, nicht offensichtlich.

Aber sie waren da... flüchtige Seitenblicke, hochgezogene Augenbrauen, leises Tuscheln, sobald sie an jemandem vorbeiging.

Niemand sagte es offen, aber sie wusste genau, was sie dachten.

Ach, die Prinzessin ist wieder da. - „*Tja, wenn man sich einfach mal 'ne Woche rausnehmen kann... Bestimmt wieder Drama wegen nichts.*"

Niemand begrüßte sie wirklich.

Keine Frage, wie es ihr ging.

Keine Bemerkung, dass man sie vermisst hatte.

Es war schlimmer als alles, was sie in der Schule erlebt hatte.

Dort hatte sie wenigstens Freunde gehabt.

Hier?

Hier war sie allein.

Spöttische Witze flogen durch die Luft nicht direkt an sie gerichtet, aber laut genug, dass sie es hörte.

„Na, manche haben's halt leichter im Leben."

„Müsste man sich auch mal gönnen, 'ne Woche frei wegen Kopfsache."

„Tja, manche können's sich leisten."

Jolie sagte nichts.

Sie tat, als würde sie nichts hören.

Tat, als wäre sie einfach nur hier, um ihre Arbeit zu machen.

Und genau das tat sie auch.

Sie zog Betten ab, putzte Bäder, saugte Teppiche.

Sie sprach nur das Nötigste.

Sie ließ es zu.

Denn sie wusste aus Erfahrung, dass es nichts brachte, sich zu erklären. Und so vergingen die Tage. Dann die Wochen. Jeden Morgen zog sich Jolie ihre Uniform an, band sich die Haare zusammen, setzte ihr neutralstes Gesicht auf und betrat das Hotel, als wäre nichts.

Als wäre alles normal.

Es war nie normal.

Jeden Tag spöttische Kommentare.

Jeden Tag Blicke, die länger auf ihr ruhten, als es nötig war.

Jeden Tag das Gefühl, als einzige Person in einem Raum zu stehen, der voller Menschen war.

Es war kein offenes, direktes Mobbing - nichts, was man leicht hätte beweisen können. Aber genau das machte es so schlimm. Denn wenn jemand sie darauf angesprochen hätte, wenn sie es zur Sprache gebracht hätte, dann wäre die Antwort klar gewesen:

„So war das ja gar nicht!"

Aber genau so war es.

Und innerlich wussten sie es ganz genau.

Nach einem weiteren anstrengenden Tag in der Arbeit betrat Jolie das Haus und ließ die Tür hinter sich ins Schloss fallen.

Mit einem tiefen Seufzen lehnte sie sich für einen Moment dagegen.

Zuhause.

Endlich.

Hier war es ruhig.

Kein Tuscheln, kein Spott, keine aufgesetzten Lächeln.

Nur Wärme, der vertraute Geruch von frisch gewaschener Wäsche und ein Hauch von Mamas Lieblingsduftkerze *Apfel-Zimt* die gab es rund ums Jahr aufm Tisch, nicht nur zur Winterzeit!

„*Bist du das, Jolie?*" rief ihre Mutter aus dem Essbereich wo sie meistens in einem Buch gelesen hatte.

„*Ja, bin da, Papa hat mich abgeholt!*", antwortete Jolie und zog ihre Schuhe aus. Sie ließ ihre Tasche im Flur stehen und ging in die Küche. Der Kühlschrank brummte leise, während sie die Tür öffnete und überlegte, was sie kochen könnte.

Kochen tat ihr gut.

Es war eine der wenigen Dinge, die ihr halfen, die Gedanken für eine Weile zu ordnen.

Mama kam langsam in die Küche.

Sie trug heute ein dunkelblaues Tuch auf dem Kopf, das ihre sanften Gesichtszüge betonte.

Ihre Augen wirkten müde, aber sie lächelte dennoch leicht.

„*Harter Tag?*" fragte sie, während sie sich auf einen Stuhl setzte.

Jolie zuckte mit den Schultern und begann, Gemüse aus dem Kühlschrank zu nehmen.

„*Wie immer*", murmelte sie, während sie eine Paprika aufs Schneidebrett legte.

„*Magst du erzählen?*" fragte Mama vorsichtig, sie war schon immer ein sehr neugieriger Mensch!

Jolie schüttelte erst den Kopf, doch dann hielt sie inne.

Was brachte es, es zu verschweigen? Mama wusste sowieso, wenn etwas nicht stimmte.

„Sie haben wieder gelästert", sagte sie leise und begann, die Paprika zu schneiden.

Mama seufzte und lehnte sich in den Stuhl zurück. „Die gleichen Leute wie immer?"

Jolie nickte.

„Ja. Heute ging's darum, dass ich krank war. Sie haben so getan, als hatte ich mir eine schöne Woche gemacht. Als ob das alles nichts wäre."

Ihre Stimme bebte leicht, aber sie unterdrückte es.

„Ich hab's ignoriert. Was soll ich auch machen?"

Mama beobachtete sie für einen Moment, bevor sie sagte:

„Du könntest es ansprechen."

Jolie lachte bitter.

„Und dann was? Sie würden alles abstreiten". „So war das ja gar nicht", weißt du doch."

Mama schwieg kurz.

Dann stand sie langsam auf und kam zu ihr, legte ihr sanft eine Hand auf den Arm.

„Es tut mir leid, mein Schatz", , sagte sie leise. „Das ist nicht fair. Gar nicht."

Jolie biss die Zähne zusammen und schnitt weiter, diesmal etwas fester als nötig.

„Ist halt, wie es ist."

„Nein, ist es nicht", widersprach Mama sanft.

„Aber ich weiß, dass du das gerade nicht ändern kannst."

Sie wusste, dass ihre Mutter sie verstehen wollte. Dass sie ihr helfen wollte.

Doch was sollte sie sagen? Es gab keine Lösung.

Also tat sie das, was sie immer tat - sie schüttelte es ab, machte weiter.

Das Essen war fertig, und sie setzten sich zusammen an den Tisch.

Es war eine einfache Mahlzeit - Gemüsepfanne mit Reis, aber Jolie wusste, dass Mama die Wärme des Essens schätzte auch wenn sie süßes immer bevorzugen würde. Seit der Chemo war ihr oft übel, aber heute schien sie Appetit zu haben.

„*Wie war dein Tag?*" fragte Jolie schließlich, um das Thema von sich abzulenken.

Mama zuckte mit den Schultern. „*Ganz okay. Ich war ein bisschen oben bei Oma und Opa, aber nur kurz. Danach war ich ziemlich müde, habe noch ein bisschen gelesen!*"

„*Hast du genug getrunken?*" fragte Jolie automatisch.

Mama grinste. „*Ja, Mama*", sagte sie spielerisch.

Jolie schüttelte lachend den Kopf.

Nach dem Essen machten sie es sich im Schlafzimmer gemütlich. Mama zog sich eine Decke über die Beine, Jolie setzte sich neben sie. Der Fernseher lief leise im Hintergrund - irgendeine Serie, die sie schon zigmal gesehen hatten.

Aber es ging nicht darum, was lief.

Es ging darum, dass sie hier waren.

Zusammen.

Mama nahm sich die Mütze vom Kopf und rieb sich leicht über die kahlen Stellen. Sie tat es nicht oft, aber heute schien es ihr egal zu sein. „*Weißt du*", begann sie leise, „*manchmal frage ich mich, wie es wäre, wenn alles normal wäre.*"

Jolie sah sie an.

„*Wie meinst du das?*"

Mama lächelte leicht.

„*Na ja... wenn ich nicht krank wäre. Wenn du nicht in dieser blöden Arbeit feststecken würdest. Wenn wir einfach... ein ganz normales Leben hätten.*"

Jolie schluckte.

Sie wusste, was ihre Mutter meinte.

Aber sie wusste auch, dass es nichts brachte, darüber nachzudenken.

„Du bist immer noch du", sagte sie schließlich.

„Ob mit Haaren oder ohne. Ob gesund oder nicht. Du bist meine Mama."

Mamas Augen wurden feucht, aber sie blinzelte schnell.

„Und du bist meine Jolie", erwiderte sie leise.

Für einen Moment schwiegen sie beide, bevor Mama schließlich grinste.

„So, jetzt aber Schluss mit den ernsten Gesprächen.

Lass uns lieber drüber lachen, wie dämlich sich der Typ in der Serie gerade verhält."

Jolie lachte und lehnte sich zurück.

Sie wusste nicht, was die Zukunft bringen würde.

Sie wusste nicht, wie lange sie diese Abende noch haben würden.

Aber heute? Heute war alles genau richtig.

Jolie hatte schon so viel eingesteckt.

Jeden Tag war sie den spöttischen Blicken ausgesetzt, den leisen Sticheleien, den abfälligen Kommentaren, die immer dann fielen, wenn sie gerade den Raum betrat.

Sie hatte gelernt, es zu ignorieren, hatte gelernt, dass es nichts brachte, sich zu erklären.

Doch an diesem Tag geschah etwas, das sie nicht mehr hinnehmen konnte.

Als sie morgens das Hotel betrat, fühlte sich der Tag an wie jeder andere. Sie war müde, erschöpft, innerlich bereits auf die üblichen Sprüche vorbereitet.

Doch heute war etwas anders.

Mama und Papa hatten sie besucht - eine kurze "wir schauen mal vorbei" Tour, einfach nur, um „Hallo" zu sagen.

Mama trug eine süße, rosa Mütze, die perfekt zum warmen Sommerwetter passte.

Sie sah trotz allem wunderschön aus, wie immer.

Sie lächelte viel, obwohl Jolie wusste, wie anstrengend selbst kleine Besuche für sie waren.

Nach einem kurzen Gespräch verabschiedeten sich die beiden wieder, und Mama winkte ihr noch einmal zu, bevor sie mit Papa das Hotel verließ.

Jolie sah ihnen nach und fühlte sich für einen Moment geborgen.

Doch dann hörte sie das Lachen.

Sie wusste sofort, woher es kam - von der Rezeption, der üblichen Truppe. Normalerweise versuchte sie, gar nicht hinzuhören, aber heute war es unmöglich, es zu ignorieren.

„Habt ihr das gesehen? Die Mütze... einfach lächerlich!"

„Warum trägt sie sowas überhaupt? Sieht aus wie ein Clown."

„Vielleicht denkt sie, das macht die Krankheit weniger schlimm."

Lautes Lachen.

Jolie spürte, wie ihr der Boden unter den Füßen weggezogen wurde.

Sie hatte es falsch verstanden.

Sie hatte sich immer wieder eingeredet, dass sie diejenigen waren, die das Problem mit ihr hatten - dass ihr Verhalten nur auf sie gerichtet war.

Aber das hier?

Das war etwas anderes. Das war Boshaftigkeit in ihrer reinsten Form. Sie lachten nicht nur über sie. Sie lachten über ihre Mutter.

Über ihre kranke Mutter.

Über eine Frau, die nichts getan hatte, außer stark zu sein.

Die jeden verdammten Tag kämpfte, während diese Leute nichts anderes taten, als über sie herzuziehen.

Jolie stand wie erstarrt im Türrahmen. Sie konnte nicht glauben, was sie da hörte.

„Jolie... hast du das gehört?" Eine Kollegin, die hinter ihr stand, sprach leise, fast schockiert.

„Die meinen... deine Mama."

Als hätte sie eine Bestätigung gebraucht.

Als hätte sie nicht ohnehin schon verstanden.

Jolie wusste nicht, was in ihr passierte.

Sie spürte keine Tränen, keine Traurigkeit.

Nur eine unbändige Wut, die in ihr aufstieg.

Langsam ging sie auf die Gruppe zu.

Sie sprachen weiter, kicherten, warfen sich grinsende Blicke zu.

Dann bemerkten sie sie.

Jolie blieb stehen, direkt vor ihnen. Ihr Blick war kalt, leer, voller Verachtung.

Das Lachen verstummte.

Einige von ihnen räusperten sich. Einer wandte sich verlegen ab.

Aber niemand sagte etwas.

Jolie wollte schreien.

Sie wollte sie anschreien, wollte ihnen jedes einzelne gemeine Wort, jeden einzelnen verletzenden Satz entgegenschleudern, den sie über die letzten Monate in sich hineingefressen hatte.

Aber sie tat es nicht.

Sie starrte sie nur an.

Fassungslos.

Wütend.

Enttäuscht.

Dann drehte sie sich um und ging. Ohne ein Wort. Ohne sich umzusehen.

Ohne auch nur eine Sekunde zu überlegen, ob sie noch einmal zurückkehren würde. Sie ließ alles stehen und liegen, trat aus der Tür hinaus und zog ihr Handy aus der Tasche.

Mit zitternden Fingern wählte sie Papas Nummer.

Er nahm sofort ab. „*Jolie?*"

Ihre Stimme war ruhig, aber bestimmt.

„*Kannst du mich abholen? Sofort?*"

„*Was ist passiert?*" Er klang besorgt.

Jolie schloss die Augen, spürte den leichten Sommerwind auf ihrer Haut, während sie vor dem Hotel stand.

„*Ich bin fertig hier, Papa. Ich komme nie wieder zurück.*"

Er verstand. Ohne weitere Fragen sagte er: „*Ich bin unterwegs.*"

Jolie steckte das Handy zurück in die Tasche.

Sie atmete tief durch.

Heute war der Tag, an dem sie endlich ging.

Jolie hatte sich entschieden, noch einmal dorthin zu gehen.

Aber nicht, um zu bleiben. Nein, heute war der letzte Tag.

Sie hatte genug.

Die ständigen Demütigungen, das Mobbing - es war zu viel.

Heute würde sie ihre Kündigung abgeben, und danach würde sie einfach gehen. Sie hatte es sich lange überlegt, den Schritt zu wagen, aber jetzt war es an der Zeit, sich von diesem Ort zu verabschieden, der sie nur noch kaputt gemacht hatte.

Als sie das Hotel betrat, war es wie immer hektisch, mit dem gewohnten Trubel an der Rezeption. Doch Jolie wusste genau, was sie hier wollte und was sie nicht mehr aushielt. Sie ging direkt zur Bürotür ihrer Leiterin, um die Kündigung zu überreichen.

Doch ihre Leiterin war gerade in der Pause.

„Ich mache erstmal meine Pause fertig. Du kannst warten", sagte sie kühl, als ob nichts Ungewöhnliches passiert wäre.

Jolie ballte unbewusst die Fäuste.

Es war fast eine Herausforderung für sie, noch ruhig zu bleiben.

Sie hatte es satt, dass alles immer so belanglos behandelt wurde.

Ihre Mutter kämpfte täglich gegen den Krebs und hier, in diesem Hotel, behandelte man sie als wäre sie unsichtbar.

Sie wartete.

Und wartete.

Die Minuten zogen sich quälend in die Länge.

Endlich, als ihre Leiterin wieder zurückkam, stand Jolie auf, ging zur Rezeption und legte die Kündigung auf den Tresen.

Sie wollte sich nicht weiter aufhalten lassen, wollte nicht mehr über die vielen Monate sprechen, in denen man sie ausgebeutet hatte.

Ihr Blick war fest, ihre Stimme ruhig, aber hart:

„Ich kündige fristlos. Es ist vorbei. Hier war es nie mehr als ein Ort, an dem ich mich nicht respektiert gefühlt habe."

Die Reaktion kam prompt.

Die Leiterin schaute sie kurz an und dann, als wäre es nichts gewesen, sagte sie mit einem schulterzuckenden Ton: *„Warum hast du mir denn nicht vorher gesagt, dass es dir hier nicht gefällt, anstatt gleich zu kündigen?"*

Jolie konnte es kaum fassen.

War das wirklich ihr Ernst?

Hatte sie wirklich den Mut, so etwas zu sagen?

Die ganze Zeit hatte sie das Gefühl, dass ihre Gefühle hier nicht zählten, und jetzt fragte sie auch noch, warum sie nicht *„früher"* etwas gesagt hatte?

Jolie fühlte, wie ihre Geduld am Ende war.

Sie konnte und wollte nicht mehr weiterreden.

Was sollte sie noch sagen?

Alles war gesagt, es war vorbei. Statt weiter zu diskutieren, griff sie nach ihrer Tasche und drehte sich um. Ohne ein weiteres Wort verließ sie die Rezeption und ging direkt zur Tür.

Doch als sie auf dem Parkplatz ihren Vater sah, der bereits auf sie wartete, fiel alles von ihr ab.

Es war endlich vorbei.

Sie ging zu ihm und erzählte ihm, was passiert war.

„Papa, es war der richtige Moment. Ich habe alles gesagt, was ich sagen musste.

Die verstehen es nicht.

Ich habe es nicht mehr nötig, mich mit solchen Menschen zu umgeben", sagte Jolie leise, als sie sich zu ihm setzte.

Ihr Vater schaute sie an, sah den Schmerz in ihren Augen, aber auch die Entschlossenheit.

Er wollte sofort wieder zurück ins Hotel gehen, sich mit der Leiterin und den Kollegen auseinandersetzen, seine Meinung sagen.

Aber Jolie legte ihre Hand auf seine und sah ihm tief in die Augen.

„*Papa, verschwende deine Energie nicht mit so Leuten*", sagte sie ruhig.

„*Die kannst du nicht mal mehr als Mensch sehen, nach so Aussagen. Es bringt nichts, mit ihnen zu reden. Sie sehen nicht, was sie tun, und sie werden es nie verstehen.*"

Sie atmete tief durch, fühlte sich erleichtert, aber auch ein Stück weit leer.

Doch sie wusste, dass dieser Schritt richtig war.

Sie hatte sich befreit.

Sie hatte den Kreis durchbrochen.

Und als sie mit ihrem Vater im Auto saß und langsam davonfuhr, wusste sie, dass es das Ende eines kaputten Kapitels war - und der Anfang von etwas Neuem!

Zitat by Letizia Jolie Nicola:

„Die tiefsten und bedeutendsten Entscheidungen des Lebens werden nicht mit dem Verstand getroffen, sondern mit dem Herzen. Es ist nicht die Logik, die dich dorthin führt, wo du wirklich hingehörst, sondern der leise Ruf deiner Seele. Wenn du den Mut hast, ihm zu folgen, öffnet sich ein Weg, den du nie für möglich gehalten hast - ein Weg, der nicht nur Veränderung bringt, sondern dich wahrhaft lebendig macht."

Nachdem Jolie ihre Ausbildung abgebrochen hatte und nun wieder zu Hause war, verbrachte sie viel Zeit mit ihrer Mutter.

Es fühlte sich fast so an wie früher, als sie noch ein Kind war - nur dass sie jetzt nicht mehr zum Schulunterricht musste, sondern sich in Bücherwelten flüchtete.

Sie las ein Buch nach dem anderen, verlor sich in Geschichten, die sie für sich entdeckte.

Die Liebe zu Büchern hatte sie eindeutig von ihrer Mutter geerbt.

Eines Nachmittags, als sie zusammen auf dem Sofa saßen, ein Tee auf dem Tisch dampfte und Jolie in ihrem neuen Roman versunken war, sah sie zu ihrer Mutter hinüber, die ebenfalls ein Buch in den Händen hielt.

Mit einem amüsierten Grinsen bemerkte Jolie:

Mama, du kannst dir bald eine Bücherei ins Haus bauen, so viele Bücher, wie du besitzt und gelesen hast!"

Ihre Mutter schmunzelte und legte ihr Buch kurz beiseite.

„Naja," sagte sie mit gespielter Nachdenklichkeit, *„wenn du mal ausgezogen bist, richte ich mir einfach ein Lesezimmer ein!"*

Jolie zog eine Augenbraue hoch und lachte.

„Na danke, haha! Kaum bin ich weg, wird mein Zimmer einfach umfunktioniert? Das ging ja schnell!"

Ihre Mutter grinste.

„Na ja, was soll ich sagen? Ein leerer Raum ist eine ungenutzte Chance!"

Jolie verdrehte die Augen, konnte sich aber ein Lächeln nicht verkneifen.

„Und wie stellst du dir dein Lesezimmer vor?" fragte sie interessiert.

Die Augen ihrer Mutter leuchteten sofort auf - man sah ihr an, dass sie diese Vorstellung schon lange in ihrem Kopf hatte.

„Also," begann sie enthusiastisch, *„die Wände werden komplett mit Bücherregalen verkleidet.*

Überall nur Bücher, aber so angeordnet, dass der Raum trotzdem genug Licht bekommt.

Und in eine der vier Ecken stelle ich mir einen bequemen Lederstuhl vor, am besten mit einer hohen Rückenlehne, damit ich es mir richtig gemütlich machen kann.

Eine Lampe daneben, für die perfekte Atmosphäre.

Und weißt du was?

Vielleicht auch ein Bett statt eines Stuhls... oder beides!

Ein Stuhl zum Lesen, ein Bett zum Reinkuscheln – je nach Stimmung!"

Jolie lachte laut.

‚Also ein Raum, aus dem du dann nie wieder rauskommst?!"

Ihre Mutter tat so, als würde sie nachdenken.

„Hmmm... genau! Vielleicht nehme ich mir dann auch das Essen einfach mit rein, und dann brauche ich das Haus nie wieder verlassen."

Jolie schüttelte grinsend den Kopf.

„Ich seh's schon kommen: Irgendwann besuche ich dich und muss dich aus deinem Bücherverlies retten!"

Beide lachten herzlich, während sich Jolie ins Sofa sinken ließ.

Es war schön, solche Momente mit ihrer Mutter zu teilen.

Trotz allem, was in ihrem Leben gerade unsicher war, wusste sie:

Diese Gespräche, dieses Lachen, diese Liebe – all das war ihr sicherer Hafen....

ein weiterer Tag

Jolie und ihre Mutter traten durch die gläserne Eingangstür von Thalia - einem Ort, der für sie beide mehr als nur eine Buchhandlung war.

Es war ein kleiner Rückzugsort, eine Welt voller Geschichten, in die sie immer wieder eintauchten.

Der vertraute Geruch von Papier und Druckerschwärze lag in der Luft, vermischt mit dem süßen Aroma des angrenzenden Cafés.

Kaum hatten sie den ersten Schritt in den Laden gesetzt, blieb Jolies Mutter bereits bei den "neuen Bestsellern" stehen, die direkt am Eingang auf einem hübsch dekorierten Tisch auslagen.

Sie griff nach einem Buch, betrachtete das Cover und blätterte neugierig durch die ersten Seiten.

Jolie schüttelte schmunzelnd den Kopf und verschränkte die Arme.

„Wir sind nicht mal fünf Sekunden hier, und du hast schon das erste Buch in der Hand!"

Ihre Mutter lachte und zog eine übertriebene Schmollmiene.

„Ja, schadeee... das Buch habe ich schon öfter gesehen, aber es gibt es nur in der englischen Version! Das heißt, ich muss noch auf die Übersetzung warten."

Jolie verdrehte spielerisch die Augen.

„Ach Mama, du findest hier bestimmt noch genug andere Bücher. Ich gebe dir höchstens zehn Minuten, dann hast du mindestens drei neue Schätze gefunden!"

„Na, jetzt übertreib mal nicht." Ihre Mutter schnaubte belustigt.

„Ich kann mich sehr wohl zurückhalten!"

Jolie hob eine Augenbraue und grinste.

„Mama. Wollen wir wirklich darüber diskutieren? Das letzte Mal hast du gesagt, du kaufst nur eins - und dann sind wir mit acht Büchern rausgegangen."

„Ach komm, das war ein besonderer Tag."

„Jeder Tag in einer Buchhandlung ist für dich ein besonderer Tag!"

Die beiden lachten, während sie sich tiefer in den Laden begaben.

Sie waren wie Lorelai und Rory Gilmore - nicht nur Mutter und Tochter, sondern beste Freundinnen.

Ihre Gespräche drehten sich oft um Bücher, aber genauso oft um das Leben, um Träume, um all die kleinen und großen Dinge, die nur sie beide wirklich verstanden.

Nichts konnte sie auseinanderbringen.

Jolie wusste genau, welche Bücher ihre Mutter liebte.

Während sie selbst in romantischen Welten versank - Reihen wie *Morgentau, Abendsonne, Nachtblüte, Tagwind von Jennifer Wolf* verschlang -, zog es ihre Mutter in düsterere Gefilde.

Dark Romance, spannende Thriller, Bücher, in denen Geheimnisse und gefährliche Leidenschaft verborgen lagen.

Reihen wie *Dark Elements von Jennifer L. Armentrout* oder *Crave von Tracy Wolff* gehörten zu ihren absoluten Favoriten.

Als sie die Thriller-Abteilung erreichten, leuchteten die Augen ihrer Mutter auf, als hätte sie soeben einen lang verschollenen Schatz entdeckt.

„Oh, 'Erlöse mich' von Michael Robotham!"

Sie schnappte sich das Buch mit einer fast kindlichen Begeisterung und las den Klappentext.

„Das wollte ich schon lange lesen!"

Jolie warf einen kurzen Blick darauf und schüttelte den Kopf.

„Nichts für mich. Viel zu düster und verstörend.

Ich brauche Happy Ends!"

„Ach, du verpasst was! Die Spannung, die Gänsehaut... das ist doch das Beste!"

Jolie schüttelte schmunzelnd den Kopf und ließ ihre Mutter weitersuchen.

Kurz darauf riss sie ein weiteres Buch aus dem Regal.

„Und guck mal hier – Todesherz von Karen Rose! Perfekt! Zwei Thriller sind gesichert."

Jolie stemmte die Hände in die Hüften.

„Wetten, das werden nicht die letzten Bücher sein, die du heute kaufst?"

Ihre Mutter legte eine Hand auf ihr Herz und verzog gespielt entrüstet das Gesicht.

„Jolie! Ich bin doch total vernünftig! Ich kaufe nur das, was ich wirklich brauche."

Jolie sah sie mit einem wissenden Blick an.

„Mama... du hast zuhause über tausend Bücher. Keins davon brauchst du wirklich."

„Aber Bücher sind wie Seelenheil!" rief ihre Mutter dramatisch. *„Man kann nie genug davon haben!"*

Sie lachten beide, während sie weiter durch die Reihen schlenderten.

Jolie entdeckte einen neuen Liebesroman, der sie sofort ansprach, während ihre Mutter einen weiteren düsteren Roman in den Händen hielt. An der Kasse angekommen, sahen sie auf ihren Stapel. Fünf Bücher.

Jolie seufzte amüsiert und grinste.

„Mama... wir wollten eigentlich nur gucken."

Ihre Mutter sah unschuldig zu ihr auf.

„Ich habe doch gesagt, ich kann mich zurückhalten."

„Ja klar! Das ist für uns ein ganz normaler Tag, oder?"

„Definitiv." Sie nahm eine der Tüten entgegen.

„Und jetzt komm, wir holen uns noch einen Kaffee, damit wir gleich anfangen können zu lesen."

Mit vollen Tüten und voller Vorfreude verließen sie den Laden – ein weiteres gemeinsames Buchabenteuer, das sie aneinander band, wie es nur Bücher konnten.

Ein schwerer Tag

An diesem Tag war alles anders.

Keine Buchhandlung, kein Lachen, kein spielerisches Necken über zu viele Bücher.

Stattdessen lag eine Schwere in der Luft, die Jolie sofort spürte, als sie das Wohnzimmer betrat.

Ihre Mutter saß auf dem Sofa, ein Buch in den Händen, doch sie hielt es nicht wie sonst - nicht mit dieser typischen Leichtigkeit, mit der sie sich in Geschichten verlor.

Ihre Finger lagen kraftlos auf den Seiten, ihr Blick wirkte müde, ihre Haut blasser als sonst.

Jolie wusste, was das bedeutete.

Die Chemotherapie war wieder stärker gewesen, hatte ihre Mutter ausgelaugt, ihr Energie geraubt.

Doch das Schlimmste für Jolie war, dass ihre Mutter immer versuchte, es nicht zu zeigen - als wollte sie ihre eigene Tochter vor der Realität schützen.

„Hey, Mama... alles gut?" Jolies Stimme klang ruhiger, als sie sich fühlte.

Ihre Mutter sah auf, versuchte zu lächeln, doch es wirkte angestrengt.

„Ja, Schatz, alles gut. Ich bin nur ein bisschen müde. Ich glaube, ich lege mich für eine Weile hin."

Jolie spürte, wie ihr Herzschlag schneller wurde.

Müde.

Das sagte ihre Mutter oft, aber Jolie wusste, dass „müde" in Wahrheit bedeutete: Ich habe kaum noch Kraft.

Sofort malte sich ihr Kopf die schlimmsten Szenarien aus.

Was, wenn es diesmal anders war?

Was, wenn ihre Mutter nach diesem Nickerchen nicht mehr aufwachen würde?

Was, wenn es ihr Körper nicht mehr schaffte, sich zu erholen?

„Mama... geht es dir wirklich nur wegen der Chemo schlecht?

Oder ist es schlimmer als sonst?"

Ihre Mutter seufzte leise und schloss für einen Moment die Augen, als würde sie die richtigen Worte suchen.

„Es ist wie immer, mein Schatz. Nach der Chemo fühle ich mich ausgelaugt, aber das geht vorbei. Ich brauche nur ein bisschen Ruhe."

Jolie schluckte schwer.

„Bist du sicher? Ich meine... du wirkst heute noch blasser als sonst.

Vielleicht sollten wir doch ins Krankenhaus?

Oder ich rufe den Arzt..."

„Jolie."

Die Stimme ihrer Mutter war sanft, aber bestimmt. Sie legte das Buch vorsichtig auf den Couchtisch und griff nach Jolies Hand.

Ihre Finger waren kalt.

„Ich weiß, dass du dir Sorgen machst.

Und ich weiß, dass es für dich schwer ist, das hier alles mit anzusehen. Aber bitte, mach dir nicht immer gleich die schlimmsten Gedanken, ja?"

Jolie wollte nicken, wollte ihr einfach glauben, aber es war so schwer.

Sie hasste diese Krankheit.

Hasste, dass sie ihre Mutter so sehr schwächte.

Hasste, dass sie nichts tun konnte außer zusehen.

„Ich kann nicht anders.." flüsterte sie schließlich.

Ihre Mutter drückte sanft ihre Hand.

„Ich weiß. Und das tut mir leid. Aber du darfst dich nicht von der Angst auffressen lassen, Jolie. Ich bin noch hier. Ich kämpfe, okay? Und du musst mir vertrauen, dass ich ehrlich zu dir bin. Wenn es schlimmer wäre, würde ich es dir sagen."

Jolie suchte in den Augen ihrer Mutter nach der Wahrheit.

Sie wollte ihr glauben, wollte sich an diesen Worten festhalten.

Aber was, wenn sie nur stark für sie sein wollte?

„*Und wenn du irgendwann nicht mehr kämpfen kannst?*" fragte sie leise.

Ihre Mutter lächelte sanft, fuhr mit der Hand über Jolies Wange.

„*Dann wirst du stark genug sein, um weiterzugehen. Auch ohne mich.*"

Ein Kloß bildete sich in Jolies Kehle, Tränen brannten in ihren Augen, aber sie zwang sich, nicht zu weinen.

Sie wollte nicht, dass ihre Mutter sich noch mehr Sorgen machte.

„*Ich will aber nicht ohne dich sein...*"

„*Ich weiß. Aber darüber musst du jetzt nicht nachdenken. Heute bin ich hier. Heute lege ich mich nur kurz hin, und wenn ich aufwache, trinken wir zusammen Tee und lesen, okay?*"

Jolie nickte langsam, auch wenn die Angst in ihr tobte.

„*Okay... aber wenn du irgendwas brauchst, rufst du mich sofort, ja?*"

„*Natürlich.*"

Jolie sah ihrer Mutter nach, als sie langsam aufstand und Richtung Schlafzimmer ging.

Ihr Gang war wackliger als sonst, und für einen Moment wollte Jolie aufspringen und sie stützen, aber ihre Mutter drehte sich noch einmal um und lächelte ihr zu - ein müdes, aber echtes Lächeln.

Dann verschwand sie im Schlafzimmer, und Jolie blieb allein zurück.

Sie atmete tief durch, versuchte, die dunklen Gedanken zu verscheuchen, aber es gelang ihr nicht. Ihre Hände zitterten leicht, und sie wusste, dass sie sich jetzt nicht einfach mit einem Buch ablenken konnte.

Also griff sie nach ihrem Skizzenbuch.

Das Zeichnen war ihre dritte Welt - die einzige Möglichkeit, ihre Gefühle in etwas Greifbares zu verwandeln.

In dieser Welt konnte sie all die Angst, den Schmerz, die Hoffnungslosigkeit auf Papier bringen, ohne dass jemand es direkt verstand.

Langsam begann sie zu zeichnen.

Erst eine Silhouette, dann ein Gesicht.

Es war das Gesicht ihrer Mutter - nicht so, wie sie sie gerade gesehen hatte, blass und erschöpft, sondern so, wie Jolie sie kannte:

Lächelnd, mit strahlenden Augen, ein Buch in den Händen.

So wollte sie sie immer in Erinnerung behalten.

Egal, was kam.

Die Tage vergingen und Jolie hatte bereits in ihrer Ausbildung nebenbei ein Online Business gestartet, worauf sie sich nach der Kündigung ganz fokussiert wollte, um zuhause zu sein!

Da wo sie ihre Mama genau im Auge hatte! Jolie dachte an nichts anderes mehr!

Zitat by Letizia Jolie Nicola:

„Die Liebe zwischen Mutter und Tochter ist wie ein unsichtbares Band, das Raum und Zeit überdauert. Sie ist nicht an Worte gebunden, sondern zeigt sich in Blicken, in Gesten, in den unzähligen kleinen Momenten des Alltags. Sie ist in jedem Lächeln, das Verständnis ohne Worte ausdrückt, in jeder Umarmung, die Trost spendet, wenn die Welt zu laut wird. Sie ist in den gemeinsamen Erinnerungen, in den Gesprächen, die bis tief in die Nacht dauern, in den Büchern, die man sich empfiehlt, und in den Liedern, die man gemeinsam hört. Selbst wenn das Leben sie voneinander trennt, bleibt diese Liebe bestehen - unerschütterlich, tief verwurzelt, ein Teil der Seele, der niemals vergeht."

Kapitel 8:

„Wo Angst flüstert und Mut antwortet"

„Jolie, Jolie!"

Jolie war schon immer jemand gewesen, der über den Tellerrand hinausblickte.

Während andere sich mit einem normalen Job zufriedengaben, wollte sie mehr.

Mehr Freiheit, mehr Unabhängigkeit, mehr Erfolg.

Also begann sie, sich neben ihrer Ausbildung nach Möglichkeiten umzusehen, online Geld zu verdienen.

Über eine Vertriebsfirma entdeckte sie die Welt des Tradings für sich - der Finanzmarkt faszinierte sie, und bald schon analysierte sie täglich die Bewegungen von Euro, US-Dollar und Gold, ihren drei Lieblingswährungen.

Sie liebte die Herausforderung, die dahintersteckte: die Märkte zu beobachten, Trends zu erkennen und ihre Strategien anzupassen.

Doch Jolie wusste, dass sie nicht nur auf ein Standbein setzen durfte.

Parallel baute sie sich im Network Marketing ein weiteres Einkommen auf.

Sie betrieb aktiv Werbung für das, was sie tat, teilte ihre Erfolge und Herausforderungen in den sozialen Medien und gewann so Menschen für ihr Team.

Es war mehr als nur ein Geschäft - es war eine Gemeinschaft, eine Bewegung von Gleichgesinnten, die alle dasselbe Ziel hatten: finanzielle und persönliche Freiheit.

Doch Jolie wollte nicht nur für sich selbst erfolgreich sein.

Sie wollte andere motivieren und ihnen helfen, ihren eigenen Weg zu finden. Also begann sie, sich intensiver mit Teambuilding und Mentorship zu beschäftigen.

Sie veranstaltete regelmäßig Zoom-Calls, in denen sie ihre Erfahrungen teilte, Strategien erklärte und ihre Teammitglieder motivierte, an sich selbst zu glauben.

Es war für sie eine Herzensangelegenheit, Menschen nicht nur finanziell, sondern auch mental zu stärken.

Mindset war alles - und genau das versuchte sie, anderen zu vermitteln.

Doch es ging nicht nur ums Arbeiten.

Jolie liebte das Reisen - und die Firma bot regelmäßig exklusive Reisen zu verschiedenen Events an.

Die erste Reise führte sie nach *Barcelona*.

Eine wunderschöne Villa, die sie sich mit 9 anderen teilte!

Workshops mit erfolgreichen Unternehmern, Networking in einer neuen Umgebung.

Die Energie in den Meetings war elektrisierend - überall waren Menschen, die dasselbe Ziel hatten wie sie.

Abends saßen sie mit ihrem Team in einer Rooftop-Bar, tauschten Geschichten aus und feierten ihre Erfolge.

Dann kam die Reise nach *Frankfurt-* diesmal ein großes Teambuilding-Event.

Hier ging es um persönliche Weiterentwicklung, Motivation und Strategie.

Jolie knüpfte neue Kontakte, lernte von Mentoren und hatte das Gefühl, endlich in der Welt angekommen zu sein, die sie sich immer gewünscht hatte.

Schließlich folgte die Firmenreise nach *Köln*.

Diese Reise war für Jolie besonders, denn sie hatte mittlerweile ein Team aufgebaut und stand nun selbst auf der Bühne um eine Medaille überreicht zu bekommen.

Jolie stand unten vor der riesigen Bühne, das grelle Licht der Scheinwerfer blendete sie schon jetzt, obwohl sie noch nicht einmal oben war.

Ihr Herz raste, ihre Hände waren feucht, und ihr Kaugummi - ihr letzter Halt in diesem Moment - schien sich in ihrem Mund regelrecht aufzulösen.

Sie wusste, dass ihr Körper unter Stress bestimmte Stoffe produzierte, die das bewirkten, aber es fühlte sich surreal an.

Über 10.000 Menschen im Publikum.

Ihr Name würde gleich aufgerufen werden.

Sie, auf einer Bühne, sichtbar für alle.

Es war ein Moment, den sie sich niemals für sich selbst ausgemalt hatte.

Jolie war doch immer die, die lieber im Hintergrund blieb, die sich nur durch die Kamera ihres Handys ausdrückte, nie durch die Scheinwerfer einer Bühne.

Neben ihr stand Priscilla, ihre Freundin und Geschäftspartnerin - ein Mensch, der einfach machte, ohne groß nachzudenken.

Jolie bewunderte das an ihr.

Priscilla sah ihre Nervosität und legte ihr eine Hand auf die Schulter.

„*Ach Jolie, das wird super!*" sagte sie mit ihrer typischen Unbeschwertheit..

Jolie holte tief Luft, kaute noch hektischer auf dem geschmacklosen Rest ihres Kaugummis herum und starrte auf die Treppen zur Bühne.

Super?

Das hier fühlte sich gerade eher nach einer Panikattacke in Zeitlupe an.

„*Priscilla, ich glaube, mein Körper hat beschlossen, einfach komplett zu überhitzen. Ich schwitze, als wäre ich in der Sauna und gleichzeitig ist mir kalt.*

Ist das normal?!"

Priscilla grinste.

„*Ja, das nennt sich Lampenfieber. Willkommen im Club!*

Aber du wirst das rocken, glaub mir."

Jolie schüttelte den Kopf.

„*Du verstehst nicht. Mein Herz schlägt so schnell, dass ich sicher bin, es verlässt gleich meinen Körper. Ich kann nicht atmen. Was, wenn ich auf der Bühne einfach umfalle?*"

Priscilla verdrehte die Augen.

„Dann fange ich dich auf. Also geh einfach rauf, atme und genieß den Moment. Genieß den Moment", als wäre das hier ein Strandurlaub und nicht der blanke Horror.

Jolie sah sich um.

Überall Menschen, Lichter, Kameras.

Doch dann wanderte ihr Blick nach vorne, an die Bühne, und da stand sie - ihre Mama.

Ganz vorne, direkt am Rand der Bühne.

Ihr Handy in der Hand, das Lächeln im Gesicht breit und voller Stolz. Jolies größter Fan.

Ihre Mama winkte ihr zu und rief laut durch den Saal: *„Wuhuuuuu, sehr schön, mein Schatz!"*

In diesem Moment war alles egal.

Die Angst, der Schweiß, das Zittern in ihren Beinen.

Sie wusste, sie tat das nicht nur für sich - sie tat es auch für ihre Mama.

Dann sah Jolie ihren Namen auf der Anzeigetafel.

Es gab kein Zurück mehr. Sie nahm einen tiefen Atemzug, warf Priscilla einen Blick zu und sagte:

„Okay. Ich mach das jetzt einfach."

Sie erzählte weiterhin ihre Geschichte, teilte ihre Learnings und spürte, wie ihre Worte andere Menschen inspirierten.

Es waren zwei intensive Jahre.

Jolie investierte all ihre Energie in ihr Business, arbeitete von früh bis spät, feilte an ihren Strategien, unterstützte ihr Team und entwickelte sich selbst immer weiter.

Doch mit der Zeit merkte sie, dass sich die Erfolge nicht mehr so einstellten, wie sie es sich erhofft hatte.

Der Markt wurde schwieriger, das Wachstum stagnierte.

Sie sah, wie sich viele in ihrem Umfeld von der Branche abwandten oder an einem Punkt feststeckten.

Jolie kämpfte noch eine Weile weiter, versuchte neue Strategien, überlegte, ob sie ihr Konzept anpassen sollte - doch irgendwann musste sie sich eingestehen:

Es war nicht mehr das, was sie sich erträumt hatte.

Sie hatte alles gegeben, hatte gelernt, gewachsen, Erfahrungen gesammelt, aber irgendwann musste sie sich fragen:

War das noch ihr Weg?

Nach knapp zwei Jahren zog sie die Konsequenz...

Sie ließ los - nicht mit Bitterkeit, sondern mit Dankbarkeit.

Denn auch wenn sie nicht mehr weitermachen wollte, hatte sie in dieser Zeit so viel gelernt, so viele Erfahrungen gesammelt, so viele wertvolle Kontakte geknüpft.

Es war nicht das Ende - es war ein neues Kapitel.

Zwischen Dunkelheit und Licht

2022 und 2023 - zwei Jahre, die sich für Jolie anfühlten, als wäre sie in einem endlosen Strudel gefangen.

Zwei Jahre, in denen sie den Halt verlor, sich selbst verlor.

Zwei Jahre, in denen sie sich betäubte, um nicht fühlen zu müssen.

Es begann schleichend.

Ein paar Treffen mit *wir nennen sie mal J.*

J. und den anderen, ein bisschen Alkohol, um locker zu werden, um sich einzugliedern.

Jolie war nie wirklich ein Mensch gewesen, der sich leicht in Gruppen einfügte.

Sie war immer ein wenig außen vor gewesen, ein wenig zu leise, ein wenig zu nachdenklich. Doch mit J. an ihrer Seite fühlte es sich anders an. J. war charismatisch, laut, selbstbewusst.

Sie zog Menschen an wie ein Magnet - und Jolie ließ sich mitziehen.

Jolie lerne sie in ihrer Berufsschule kennen als sie ihre Ausbildung anfing! Seit 2021 waren sie befreundet!

Anfangs fühlte es sich gut an. Endlich dazugehörig.

Endlich nicht mehr die Außenseiterin.

Doch bald wurde es mehr.

„Komm schon, Jolie, ein Drink ist doch nichts," sagte J. mit einem Grinsen, während sie ihr einen Becher in die Hand drückte.

Die Musik war laut, die Stimmen um sie herum ein einziges Chaos aus Lachen und Geschrei.

Jolie zögerte, aber nur kurz.

Sie wollte nicht wieder die sein, die nein sagte.

Also trank sie.

Und sie trank noch einen.

Und noch einen.

Es war so einfach.

Mit jedem Schluck wurde ihr Kopf leichter, ihre Gedanken dumpfer.

Die Sorgen, die sie sonst jede Sekunde begleiteten, verblassten.

Sie fühlte sich, als wäre sie endlich frei.

Doch am nächsten Morgen kam der Absturz.

Sie wachte auf mit einem Schädel, der sich anfühlte, als würde er jeden Moment zerspringen.

Ihr Magen rebellierte, ihre Hände zitterten.

Sie wusste nicht einmal mehr genau, was am Abend zuvor passiert war.

Aber sie wusste, dass sie sich wieder furchtbar fühlen würde - wenn sie nüchtern war.

Und so ging es weiter.

Sie trank, um zu vergessen.

Um ihre Vergangenheit auszulöschen, um den Schmerz, der tief in ihr saß, für ein paar Stunden zum Schweigen zu bringen.

Ihre Kindheit, die Narben, die Angst - all das konnte sie ertränken, wenn sie nur genug trank.

Doch mit jedem Becher wurde die Leere in ihr größer.

Sie kam spät nach Hause.

Manchmal war sie vom Regen völlig durchnässt, manchmal von der Sommerhitze schweißgebadet.

Ihre Tage verschwammen ineinander, ihre Nächte waren gefüllt mit Gelächter, das nicht ihr eigenes war, mit Partys im freien, die sie kaum noch ertragen konnte.

Jolie war noch nie in einem Club, selbst als sie ganz unten war, sie war immer nur draußen in der Welt, aber nie in Räumen eines Clubs!

Und dann, eines Abends, als sie wieder einmal mit J. unterwegs war, spürte sie es plötzlich.

J. Wollte mit ihr Drogen nehmen...

J. tat das mit anderen immer, aber nie wenn Jolie anwesend gewesen ist.

Jolie verlor sich im Alkohol aber niemals in Drogen, als sie 14 war rauchte sie mal 6 Monate aus Gruppenzwang aber das ließ sie auch ohne Probleme wieder bleiben!

An diesem Abend merke Jolie jedoch die Müdigkeit, die Erschöpfung.

Das Gefühl, dass sie das alles nicht mehr konnte.

„J.," begann sie, während sie ihr halb leeren Becher anstarrte.

„Glaubst du nicht, dass wir ein bisschen zu oft trinken?"

J. lachte. *„Jolie, komm schon, wir haben Spaß! Ist doch nicht so, als wären wir Alkoholiker oder so."*

„Aber... ich fühl mich nicht mehr gut dabei," murmelte Jolie.

„Ich hab das Gefühl, ich mach das nur noch, um zu vergessen."

J.s Gesicht veränderte sich.

„Vergessen? Wovon redest du?"

Jolie biss sich auf die Lippe.

Sie hatte nie wirklich mit ihr über ihre Vergangenheit gesprochen. Über das, was sie quälte. Sie wusste nicht einmal, ob J. es hören wollte.

„Ist doch egal," sagte sie schließlich.

„Ich weiß nur nicht, ob ich das noch will."

J. verdrehte die Augen. *„Jolie, echt jetzt?*

Also entweder du trinkst mit oder du gehst.

Aber heul mir jetzt nicht die Ohren voll."

Jolie starrte sie an.

Da war es.

Der Moment, in dem sie begriff, dass J. nie wirklich ihre Freundin gewesen war.

Dass es nie um sie ging, sondern nur darum, dass sie funktionierte, dass sie mitmachte.

Dass sie Teil des Spiels war.

Und als Jolie nicht mehr mit spielen wollte, lies J. Jolie fallen!

Langsam stellte sie ihren Becher ab. Sie fühlte sich, als hätte jemand die Luft aus ihr herausgelassen.

„Ich glaube, ich gehe nach Hause," sagte sie leise.

J. zuckte die Schultern.

„Wie du willst. Aber nerv nicht rum, wenn du am Ende alleine bist."

Jolie schwieg.

Dann drehte sie sich um und ging.

Es war der erste Abend seit langem, an dem sie nicht trank.

Der erste Abend, an dem sie allein nach Hause lief, ohne betäubt zu sein.

Die Stille war fast unerträglich.

Ihre Gedanken waren laut, die Erinnerungen drängten sich auf.

Aber sie wusste, dass sie eine Entscheidung getroffen hatte.

Am nächsten Tag löschte sie J.s Nummer.

Sie antwortete nicht mehr auf Nachrichten.

Ging nicht mehr ans Telefon.

Es war schwer.

Die Nächte waren lang, die Versuchung groß.

Aber nach und nach wurde es besser.

Jeden Morgen wachte sie ein kleines bisschen klarer auf.

Jeden Tag fühlte sie sich ein kleines bisschen mehr wie sie selbst.

Und eines Tages - Spürte sie es wieder.

Den Boden unter ihren Füßen.

Den echten, festen Halt, den sie so lange verloren geglaubt hatte.

Und Jolie trank danach nie wieder!

Sie lehnte immer dankend ab!

Doch vor all dem gab es ein Duett von J. und Jolie, zwei ganz andere Menschen, diese beiden Mädchen kannten und vertrauten sich... gehen wir mal zum Anfang zurück als die beiden sich kennenlernten!

Jolie und J. lernten sich in der Berufsschule kennen.

Damals war J. noch ein ganz anderer Mensch - in sich gekehrt, rastlos, gefangen in einem Strudel aus dunklen Gedanken und Drogen.

Sie versuchte, sich von allem abzulenken, suchte nach einem Ausweg in falschen Dingen, in Menschen, die sie nicht sahen, wie sie wirklich war.

Doch Jolie sah sie. Jolie erkannte sich in J. Ihrer Dunkelheit!

Jolie war die Erste, die nicht wegschaute.

Die Erste, die J. nicht aufgab, als alle anderen es längst getan hatten.

Sie sprach mit ihr, lachte mit ihr, zog sie mit ihrer Energie in eine Welt, die J. fast vergessen hatte - eine Welt voller echter Freude, echter Momente.

Und langsam, ganz langsam, begann J. zu glauben, dass es eine Zukunft ohne all das geben könnte.

Es war ein harter Weg, aber Jolie blieb.

Sie hielt J., als sie zitternd zwischen Entzugserscheinungen und Selbstzweifeln schwankte.

Sie ließ J. oft bei ihr schlafen, wenn ihr Zuhause die Decke auf den Kopf fiel, Jolie hielt J. In ihrer dunkelsten Phase.

Sie zog sie raus, wenn die Dunkelheit zu laut wurde.

Und irgendwann - nach vielen Nächten, in denen sie weinten, kämpften und lachten - kam der Moment, in dem J. das erste Mal wieder frei atmete.

An diesem Abend tanzten sie durch die Stadt.

Ohne Drogen, ohne Alkohol - nur mit dem puren Gefühl, am Leben zu sein. Die Straßen gehörten ihnen, ihr Lachen erfüllte die Luft. Sie fühlten sich leicht, als könnte nichts sie je wieder zu Boden ziehen.

Von da an waren sie eine lange Zeit unzertrennlich. Sie lebten für die Freiheit, für die Freundschaft, für die ungeschriebenen Nächte, in denen die Welt endlos schien.

J. war für Jolie da, als ihr Ex sie in der Stadt mit einem Messer bedrohte, hielt sie fest, als die Angst sie lähmte.

Und Jolie war für J. da, als sie den Absprung schaffte, als sie sich ein neues Leben baute.

Aber dann, nach all dem, kam der Alkohol. Und später auch J.

Rückfall mit der Sucht „von einmal passiert schon nichts!" aber es blieb nie bei einmal!

Erst ein Spiel, dann eine Gewohnheit.

Erst ein Genuss, dann ein Schatten.

Die Klarheit, die sie so lange miteinander geteilt hatten, begann zu verblassen.

Und irgendwann standen sie nicht mehr lachend in den Straßen - sondern suchend, taumelnd, verloren zwischen dem, was sie einst waren, und dem, was sie zu werden drohten.

Jolie merkte es zuerst.

Sie erinnerte sich an die Nächte, in denen sie ohne Betäubung lebten, nur mit der echten Freude, sich zu haben.

Sie erinnerte sich daran, wie sie J. aus der Dunkelheit geholt hatte - und fragte sich, ob sie es noch einmal tun musste.

Nur diesmal war es nicht mehr nur J., die gerettet werden musste.

Es waren sie beide.

Der Wandel von Lachend zu suchend war nicht von heute auf morgen da!

Der Wandel kam schleichend, kaum spürbar. Alkohol mischte sich in ihre Nächte, erst harmlos, dann bestimmend.

Wo einst Freiheit war, kam Betäubung.

Die Klarheit, die sie miteinander teilten, wurde trüber.

Die Nächte, die sie früher als unvergesslich empfanden, wurden zu einem verschwommenen Film. Sie verloren sich nicht sofort - aber Stück für Stück.

Die Leichtigkeit verschwand.

Die Stadt, die einst ihr Spielplatz war, wurde zu einem Labyrinth aus Fehlern, verpassten Momenten und flüchtigen Erinnerungen.

Die Nacht war nicht mehr nur ihre Verbündete, sie wurde zur Grenze zwischen dem, was war, und dem, was verloren ging.

Und dann kam der Moment, den wir eben hatten.

J. wollte wieder Drogen nehmen.

Nach allem, was sie zusammen durchgestanden hatten, nach jedem Kampf, jeder Träne, jeder Nacht, in der Jolie sie an der Hand hielt und aus der Dunkelheit zog - entschied J. sich doch für den alten Weg.

Und diesmal ließ sie sich nicht aufhalten.

Nicht von Jolies Worten, nicht von ihren Tränen, nicht von der verzweifelten Bitte, sich nicht selbst zu verlieren.

J. ließ Jolie für ein Päckchen Marihuana liegen.

Jolie konnte es kaum fassen.

Sie sah zu, wie J. sich wieder in Kreisen bewegte, die sie längst hinter sich gelassen hatten, wie sie sich entfernte, Schritt für Schritt, bis nur noch die Erinnerung an all das, was sie einmal gewesen waren, in der Luft hing.

Sie versuchte es.

Versuchte, J. wieder rauszuholen, versuchte, den alten Kampf noch einmal zu kämpfen. Aber irgendwann verstand sie - es ging nicht mehr.

Und so ließ Jolie los.

Es tat weh. Mehr als sie erwartet hatte.

Denn J. war einmal ein Teil von ihr gewesen, ein Teil ihrer Geschichte, ihrer schönsten Erinnerungen doch diese J. die Jolie jetzt vor sich sah... das war nicht mehr die alte J.

Aber jetzt war es nur noch eine Vergangenheit, die sie nicht festhalten konnte.

Also ging Jolie weiter. Ohne J.

1,5 Jahre später

Eine Nachricht.

Eine SMS.

Ein Anonymer Anruf. J. war wieder da.

Sie entschuldigte sich für alles.

Für das, was sie getan hatte, für das, was sie kaputt gemacht hatte.

Sie sprach von Reue, von Fehlern, von vermissten Zeiten.

Und Jolie hörte zu.

Weil sie wusste, dass Vergebung nicht für den anderen war, sondern für einen selbst.

„Ich nehme deine Entschuldigung an", sagte sie.

Aber als J. fragte, ob sie wieder Freunde sein könnten, als sie hoffnungsvoll wartete, schüttelte Jolie den Kopf.

„Aber Freunde werden wir lieber nicht mehr."

Denn sie sah es.

Sie sah, dass J. immer noch in Kreisen verkehrte, die nichts Gutes brachten.

Dass sie sich nicht wirklich verändert hatte, nur für den Moment zurückkam, aber nicht für immer.

Also beschloss Jolie für sich selbst, auf Distanz zu bleiben.

Sie trauerte nicht mehr.

Sie bereute nichts.

Sie wusste, dass sie alles gegeben hatte, was sie konnte.

Und manchmal war das nicht genug.

Manchmal musste man weitergehen.

Selbst wenn es bedeutete, jemanden hinter sich zu lassen, den man einmal so sehr geschätzt hatte.

Zitat by Letizia Jolie Nicola:

„Falsche Freunde sind wie Schatten: Sie folgen dir in der Sonne, aber lassen dich in der Dunkelheit allein."

Sieben Tage zwischen Himmel und Meer

Als Jolie im Flugzeug aus dem Fenster blickte, konnte sie das graue, nasskalte Wetter über Deutschland sehen.

Sie zog ihre Jacke noch fester um sich und freute sich umso mehr auf das, was vor ihr lag: *eine Woche Inselhopping auf den Kanaren mit ihrer Mama, ihrer Oma und ihrem Opa.*

„Na, *freust du dich schon?*", fragte ihre Mama neben ihr und stieß sie sanft mit dem Ellenbogen an.

Jolie grinste.

„*Und wie! Eine Woche Sonne, Meer und kein Handy – das klingt nach einer echten Auszeit!*"

Ihr Opa lachte.

„*Als ich jung war, gab es gar keine Handys. Und wir haben es auch überlebt!*"

„*Ja, ja, Opa*", sagte Jolie schmunzelnd.

„*Aber ich will trotzdem ein paar Fotos machen, damit Papa sieht, was er verpasst!*"

Ihr Papa war zuhause geblieben, weil er nichts von Schiffen hielt.

„*Ich bleib lieber mit beiden Beinen auf festem Boden!*", hatte er gesagt.

Doch jetzt, als sie nach dem Flug endlich auf das große Kreuzfahrtschiff stiegen, dachte Jolie gar nicht mehr daran.

Das riesige Deck, die glänzenden Geländer, der salzige Duft des Meeres – all das war aufregend und neu.

Jeden Morgen wachte sie früh auf, zog sich einen leichten Pullover über und trat mit ihrer Mama auf den Balkon der Kabine die ihre morgendliche Zigarette rauchte womit sie unzählige male aufhören wollte!

Jolie hatte es an der Stelle aufgegeben, sie ihr heimlich zu klauen und weg zu machen!

Gemeinsam sahen sie der Sonne zu, wie sie sich langsam aus dem Wasser erhob und den Himmel in Gold, Rosa und Orange tauchte. Das machten sie jeden Morgen, und jeden Abend!

„So einen Anblick gibt's zuhause nicht", murmelte Jolie und nahm einen Schluck von ihrem Wasser.

„Nein, aber genau deshalb muss man solche Momente genießen", sagte Ihre Mama lächelnd.

Tagsüber erkundeten sie die verschiedenen Inseln, spazierten durch kleine Gassen, besuchten Märkte und ließen sich in Cafés nieder, um das Leben der Einheimischen zu beobachten.

Doch an einem der Tage stand ein ganz besonderes Abenteuer auf dem Plan: *eine Busfahrt auf einen der höchsten Berge der Insel.*

Der Bus war nicht besonders groß, was auch nötig war, denn die Straßen, die sich in engen Serpentinen den Berg hinaufschlängelten, waren schmal und kurvenreich.

Jolie saß am Fenster und sah nach unten - der Blick in die Tiefe war schwindelerregend.

Ihre Mama saß neben ihr und hielt sich leicht an der Rückenlehne des Vordersitzes fest.

„So steil bin ich noch nie irgendwo hochgefahren!", sagte sie mit einem schiefen Lächeln.

Die Reiseleiterin, eine freundliche Frau mit braunen Locken und einer lebhaften Stimme, griff zum Mikrofon.

„Meine Damen und Herren, wir nähern uns einem ganz besonderen Ort - einem, den wir liebevoll dort, wo die Wolken den Berg anzapfen nennen."

Jolie drehte sich zu ihrer Mama.

„Dort, wo die Wolken den Berg anzapfen?"

Ihre Mama lachte leise.

„Das klingt fast poetisch."

Während der Bus weiter hinauffuhr, wurde die Luft immer feuchter.

Bald tauchten sie in eine dichte Nebelschicht ein, die wie ein Schleier über den Bäumen lag.

Jolie legte die Stirn an die kühle Fensterscheibe und beobachtete, wie Tropfen daran hinabliefen.

Oben angekommen, stiegen sie aus dem Bus und wurden von einer völlig anderen Welt empfangen.

Der Boden war weich und mit dichtem Moos bewachsen, das in saftigem Grün leuchtete. Die Bäume waren mit langen Flechten behangen und ebenfalls voller Moos, als hatte jemand sie in feine Spinnweben gehüllt und grüne Wattebäuschen dran geklebt.

Die Luft war schwer von Feuchtigkeit, und es roch nach Erde, Holz und etwas Unbeschreiblichem - fast wie Magie.

„Wow...", flüsterte Jolie ehrfürchtig.

Ihr Opa stand neben ihr, nahm seine Mütze ab und wischte sich über die Stirn, ihre Oma sagte:

„So etwas hab ich noch nie gesehen. Es ist, als wären wir in einem Märchenwald gelandet."

Jolie, ihre Oma und ihre Mama machten ein Foto nach dem anderen von der atemberaubenden Landschaft.

„Und zu Hause ist es dunkel, kalt und nass", sagte sie schmunzelnd.

Jolie atmete tief ein.

Trotz der drückenden Feuchtigkeit genoss sie diesen Anblick - diese unberührte Natur, so still und gleichzeitig voller Leben.

Im Laufe der Jahre sprach Jolies Oma oft von diesem Moment.

Immer, wenn sie gemeinsam in Erinnerungen schwelgten, wiederholte sie mit einem Lächeln den Satz der Reiseleiterin:

„Dort, wo die Wolken den Berg anzapfen."

Und jedes Mal fühlte sich Jolie zurückversetzt an diesen Tag, an diesen Berg, an diese Reise, die sie nie vergessen würde.

Doch am schönsten waren die Abende auf dem Schiff.

An jedem einzelnen der sieben Abende saßen sie alle zusammen auf dem Deck, direkt an der Bar, mit einem kühlen Getränk in der Hand.

Das Meer war schwarz und unendlich, nur die Lichter des Schiffes warfen helle Reflexe auf die Wellen.

Der Wind war warm und trug das entfernte Rauschen der Musik aus der Lounge zu ihnen herüber.

„Wisst ihr, was ich am Meer so liebe?", fragte Jolie und lehnte sich mit ihrem Cocktail aus Ananassaft und Kokosmilch zurück.

"Lass mich raten". sagte Ihre Mama.

„Die Freiheit?"

Jolie nickte.

„Ja! Hier draußen fühlt sich alles so... bedeutungslos an. All die kleinen Sorgen, die man zuhause hat - sie verschwinden einfach, wenn man auf das weite Wasser blickt."

Ihr Opa nahm einen Schluck von seinem Bier.

„Das Meer ist eben ein Ort für Träumer. Und für Nachdenker."

„Findet ihr es eigentlich beängstigend?" fragte Jolies Mama und sah zu Jolie und Jolies Oma.

„Was genau?", fragte Jolie.

„Dass da draußen nichts ist. Kein Land weit und breit, kein Mensch - nur Wasser. Und Dunkelheit."

Ihr Opa schüttelte lächelnd den Kopf, und nahm ebenfalls an der Unterhaltung teil:

„Nein, ich finde es beruhigend. Das Meer hat seine eigene Ordnung. Und wir sind nur kleine Gäste darauf."

Ihr Opa machte zwischen den Sätzen eine stille Pause in der alles ruhig war und sprach weiter:

„Früher sind die Menschen ohne GPS und riesige Schiffe gesegelt. Sie hatten nur die Sterne und ihr Bauchgefühl.

Wenn man sich das überlegt, dann hat das Meer schon immer seine Magie gehabt."

Jolie sah nach oben.

Der Himmel war klar, und unzählige Sterne funkelten über ihnen.

„Vielleicht sollte ich öfter auf mein Bauchgefühl hören", murmelte sie.

Und sie wusste genau was sie selbst damit meinte...

Ihre Mama schmunzelte und nahm ihre Hand.

„Vielleicht ja. Aber erst einmal genießen wir den Moment."

Und genau das taten sie.

Sieben Tage lang.

Sieben Sonnenaufgänge.

Sieben Nächte voller Gespräche und Gelächter.

Und als die Reise zu Ende ging, wusste Jolie, dass diese Woche für immer eine der schönsten Erinnerungen ihres Lebens bleiben würde.

Und dafür war sie ihrer Oma ihrem Opa und ihrer Mama sehr dankbar, denn von diesen Momenten gab es im Gegensatz zu den negativen nicht allzu oft!

Ihre Familie war immer ihr halt! Egal wann!

Auch wenn es oft Ungereimtheiten gab, weil niemand wirklich wusste wie man mit Jolies psychischer Erkrankung umgehen sollte, wusste sie trotzdem, wenn es hart auf hart kommt wären alle da!

Jolie dachte immer mal wieder an die schönen Dinge!

Aber meistens wurden sie von ihrer Vergangenheit aufgesaugt wie ein Staubsauger der Krümel wegsaugt!

Doch sie war hier, sie war am Leben, auch wenn ihre Vergangenheit ihr noch oft den Atem raubte!

Ein neuer Anfang - Jolie und die Welt der Kleider

Jolie ließ ihren Blick durch das elegante Geschäft schweifen, in dem sie nun arbeitete.

Vor ein paar Jahren war sie selbst hier als Kundin gewesen und hatte vier wunderschöne Kleider gekauft - eines für eine Hochzeitsgesellschaft, eines für ihren Geburtstag, und zwei einfach nur, weil sie sich in sie verliebt hatte.

Jetzt stand sie selbst hinter der Theke, umgeben von funkelnden Stoffen, zarten Spitzen und schimmernden Satinbändern.

Nachdem sie ihr Online-Business aufgegeben hatte, hatte sie sich nach etwas Neuem umgesehen. Etwas, das ihr Freude brachte, aber auch Struktur in ihren Alltag.

Die Arbeit im Verkauf für Braut-und Abendmode war genau das Richtige für sie. Jeden Tag durfte sie Frauen auf ihrem Weg zu einem besonderen Moment begleiten - sei es die Suche nach dem perfekten Brautkleid, das Kleid für den Abschlussball oder ein atemberaubendes Abendkleid für einen besonderen Anlass.

Es war nicht nur die Mode, die sie liebte, sondern auch die Menschen, mit denen sie arbeitete.

Ihre Kolleginnen waren herzlich, fast wie eine kleine Familie.

Hier fühlte sie sich gesehen, als würde sie wirklich einen Platz haben, an dem sie geschätzt wurde.

Das Gehalt war nicht hoch, aber das störte sie nicht. Sie ging gerne zur Arbeit, freute sich auf den Austausch mit den Kundinnen und genoss es, von so viel Schönheit umgeben zu sein.

Der besondere Sommertag

Ein Tag war ihr besonders in Erinnerung geblieben.

Es war ein Sonntag, eigentlich ihr freier Tag, aber das hielt sie nicht davon ab, sich für das Geschäft einzusetzen.

Sie hatte sogar einen Teil ihrer Freizeit genutzt, um an einem besonderen Shooting mitzuhelfen.

Es war ein herrlicher Sommertag, die Sonne tauchte alles in ein goldenes Licht, und die Luft war erfüllt von der Wärme des Tages.

Sie hatten beschlossen, das Shooting im Bergpark zu machen - ein Ort mit märchenhaften Kulissen, weiten Wiesen und versteckten Wegen zwischen alten Bäumen.

Für das Shooting hatten sie eine junge Frau als Model engagiert. Sie war zierlich, mit welligem, blondem Haar, einer feinen Figur und einer fast unwirklichen Eleganz.

Jedes Kleid, das sie anzog, schien wie für sie gemacht zu sein. Die Stoffe umspielten ihre Silhouette perfekt, und als sie durch den Park schritt, sah sie aus, als wäre sie einer anderen Welt entsprungen.

Jolie konnte sich nicht zurückhalten - neben dem Fotografen, der die offiziellen Bilder machte, griff sie selbst zur Kamera und hielt Momente aus ihrer eigenen Perspektive fest.

Es machte ihr unheimlich viel Spaß, die Details einzufangen: *das Sonnenlicht, das durch die Spitze fiel, den schimmernden Glanz eines Perlenbesatzes, das sanfte Lächeln des Models, als sie sich im Spiegel der Natur betrachtete.*

Mit jedem Foto, das sie machte, fühlte Jolie sich lebendig. Es war mehr als nur ein Job - es war eine Leidenschaft, die sie durchströmte.

Sie liebte es, diese Schönheit einzufangen, das Gefühl die Kleider sichtbar zu machen und die Emotionen der Frauen, die sie trugen, in Bildern zu verewigen.

Der Tag hatte sich wie ein kleiner Zauber angefühlt - einer dieser Momente, in denen das Leben genau richtig war.

Als Jolie später nach Hause kam und sich die Bilder ansah, wurde ihr etwas klar:

Sie hatte sich immer gewünscht, Erfolg mit ihrem eigenen Business zu haben, doch vielleicht war es genau das hier, was sie wirklich brauchte. Die Arbeit mit Menschen, das Eintauchen in die Welt der Mode, das Festhalten von Schönheit - all das machte sie glücklich.

Es war nicht das Geld oder der große Erfolg, der sie erfüllte, sondern das Gefühl, etwas zu tun, das sie liebte.

Und genau das hatte sie gefunden - inmitten von Tüll, Seide und Spitzen, zwischen Kundinnen, Kolleginnen und besonderen Tagen wie diesem.

Jolie lächelte.

Ihr Weg war vielleicht anders verlaufen, als sie es sich einst vorgestellt hatte.

Aber vielleicht war er genau richtig so.

Oder nicht?...

Acht Monate waren vergangen, seit Jolie ihren Job im Braut- und Abendmodegeschäft begonnen hatte.

Neun Monate voller Lächeln, voller glänzender Stoffe und funkelnder Perlen, voller Gespräche mit Kundinnen, die nach ihrem perfekten Kleid suchten.

Doch mit der Zeit hatte sich dieses Lächeln immer mehr in eine Fassade verwandelt.

Sie hatte sich benutzt gefühlt.

Immer wieder waren ihr Versprechungen gemacht worden - mehr Geld, bessere Bedingungen.

Doch nichts davon war wirklich eingetroffen.

Normalerweise war ihr Wohlbefinden ihr größtes Gut,
wichtiger als alles andere.
Aber dieses Wohlbefinden begann sich langsam aufzulösen.
Es gab Dinge, über die sie nicht einmal sprechen konnte,
Dinge, die sie belasteten, ihr Energie raubten.
Die sie euch leider nicht erzählen kann!
Und dann war da noch das Geld.
Jolie hatte sich lange über Wasser gehalten, aber mit dem Alter
kamen immer mehr Rechnungen, die bezahlt werden mussten.
Sie versuchte durchzuhalten, sich selbst zu beruhigen, sich
einzureden, dass es schon wieder besser werden würde.
Doch stattdessen wurde es nur noch schlimmer.
Ihre Chefin rief sie immer häufiger an, oft in letzter Minute.
Morgens um 9:00 Uhr klingelte das Handy, und um 10:00 Uhr
hätte der Laden geöffnet sein müssen.
Jolie brauchte 35 Minuten mit der Bahn zur Arbeit.
Aber sie tat es - immer wieder.
Sie riss sich aus dem Bett, noch völlig verschlafen, und
machte den Laden auf.
Immer wieder.
Nach einer Zeit immer öfter ohne Dankbarkeit.
Ohne Wertschätzung.
Das erste „Nein"!
Und irgendwann war es zu viel.
Irgendwann war Jolies Batterie aufgebraucht.
Sie spürte es in jeder Zelle ihres Körpers, in der Schwere ihrer
Gedanken, in der Müdigkeit, die nicht mehr wegging.
Und dann kam dieser eine Morgen.
Das Handy klingelte wieder.

Ihre Chefin wollte, dass sie sofort in den Laden kam.

Doch diesmal konnte Jolie einfach nicht mehr.

Sie nahm das Handy, atmete tief durch und sagte:

„Nein! Das geht heute einfach nicht! Ich kann nicht, ich habe heute auch andere Termine weil ich normalerweise frei hätte!"

Stille am anderen Ende.

Dann ein genervtes Einatmen.

Es passte ihr nicht.

Es passte ihr überhaupt nicht.

Aber das war nicht mehr Jolies Problem.

Jolie wusste: Wer sie kannte, wusste auch, dass sie nicht einfach so aufgab. Dass sie nicht leichtfertig eine Entscheidung traf.

Wenn sie diesen Laden, in dem sie einst so glücklich gewesen war, verließ, dann hatte sie sehr, sehr starke Gründe dafür.

Jolie könnte davon viel mehr und viel ausführlicher erzählen... aber das darf sie leider nicht!

Und damit war sie wieder zuhause.

Die erste Zeit fühlte sich merkwürdig an. Erleichterung und Angst lagen nah beieinander.

Sie hatte keine neue Arbeit, kein festes Einkommen.

Aber was sie hatte, war etwas, das sie lange vermisst hatte: Luft zum Atmen.

Und vielleicht, nur vielleicht, war genau das der Anfang von etwas Besserem.

Ein neuer Weg - Zurück zu sich selbst

Jolie schrieb unzählige Bewerbungen.

Sie saß Stunden am Laptop, verfasste Anschreiben, überarbeitete ihren Lebenslauf, suchte nach Stellen, die zu ihr passten.

Manche Firmen meldeten sich nie.

Andere baten sie um gewisse Video Bewerbungen, nur um dann doch jemand anderen zu bevorzugen.

Auf einige Rückmeldungen wartete sie noch heute.

Es fühlte sich an, als würde sie auf der Stelle treten.

Sie wollte vorankommen, endlich irgendwo ankommen - beruflich und im Leben.

Doch stattdessen hing sie in der Luft, ohne klares Ziel, ohne Sicherheit.

Irgendwann entschied sie sich, zu einer Berufsberaterin zu gehen.

Vielleicht konnte sie ihr helfen, eine neue Richtung zu finden.

Doch die Worte der Beraterin trafen sie härter als erwartet:

„Wenn du nicht bereit bist, dich selbst anzunehmen und an deinem Kreislauf von Emotionen zu arbeiten, wirst du immer wieder bei mir sitzen!"

Jolie schluckte.

Die Wahrheit war unangenehm, aber sie spürte, dass da etwas dran war.

Vielleicht lag das Problem nicht nur darin, den richtigen Job zu finden.

Vielleicht musste sie erst lernen, mit sich selbst klarzukommen.

Das war ihr eigentlich immer bewusst, aber wie gerne verdrängte sie diese Gedanken!

In der Hoffnung sie würden einfach von selbst verschwinden!
Das taten sie aber nie!!!
Die Beraterin schlug ihr vor, erneut eine Therapie zu beginnen.
Das letzte Mal war 1,5 Jahre her.
Damals hatte es ihr geholfen, aber irgendwann hatte sie
aufgehört, hatte geglaubt, es allein zu schaffen.
Doch jetzt war sie wieder hier - am selben Punkt, mit den
gleichen Fragen, der gleichen inneren Unruhe.
Verloren im Wald - Verloren in sich selbst
Jolie war schon oft weggelaufen.
Es war ihr Muster, ihre Art, sich der Welt zu entziehen, wenn
alles zu viel wurde.
Manchmal war es wegen eines Streits mit ihren Eltern,
manchmal wegen des erdrückenden Gefühls, nicht richtig zu
sein, manchmal wusste sie selbst nicht genau warum.
Sie hinterließ immer denselben Zettel auf dem Ende ihres
Bettes:
„Bin weg. Sucht mich nicht."
Und jedes Mal suchten sie sie doch.
Und jedes Mal fanden sie sie.
Doch dieses Mal war es anders.
Dieses Mal wollte sie nicht gefunden werden.
Der Himmel war grau, schwer, als würde er bald über ihr
zusammenbrechen.
Es war Mitte Dezember, die Kälte war schneidend, aber das
kümmerte Jolie nicht.
Sie saß auf ihrem Bett, die Arme um ihre Knie geschlungen, ihr
Blick starrte auf die Wand.

Ihr Herz raste, ihre Gedanken überschlugen sich.

Sie hörte ihre Mama im Wohnzimmer telefonieren, sie arbeitete im Homeoffice.

Sie konnte nicht verstehen, was sie sagte, aber das musste sie auch nicht.

Jolie stand auf, öffnete ihren Kleiderschrank und zog eine dreiviertellange Sommerhose heraus - eine, die sie normalerweise nur zum Schlafen trug.

Dann griff sie nach einem einfachen T-Shirt und warf sich ihre dicke Wellenstein-Jacke über.

Ihre Füße blieben nackt, nur in die weißen Nike Schuhe schlüpfte sie...

Sie wusste, dass das nicht die richtige Kleidung für diese Jahreszeit war.

Aber das war ihr egal.

Langsam öffnete sie die Zimmertür und lauschte.

Keine Bewegung im Flur.

Leise, Schritt für Schritt, schlich sie zur Haustür, hielt noch einmal inne.

Tief einatmen.

Sie drehte sich nicht um, sah nicht zurück.

Dann öffnete sie die Tür und trat hinaus in die Kälte.

Jolie lief.

Erst langsam, dann schneller.

Sie fühlte, wie der eisige Wind an ihrer Haut zog, wie die Kälte in ihre Beine kroch, aber sie ignorierte es.

Ihr Ziel war klar: der Wald.

Sie hatte ihn immer gemieden.

Die hohen, dunklen Bäume, die verschlungenen Wege, die Schatten, die sich mit der Dämmerung bewegten - sie hatte Angst davor.

Tiere, die sich im Unterholz versteckten, die absolute Stille, die nur vom Knacken der Äste unterbrochen wurde.

Aber genau deshalb musste sie dort hin.

Niemand würde dort nach ihr suchen.

Ihre Füße trugen sie vom Weg ab, hinein in den Wald.

Sie schlug sich durch Äste, wich tief hängenden Zweigen aus, ließ sich von Dornen über die Beine kratzen.

Sie lief so verworren, so ziellos, dass sie bald selbst nicht mehr wusste, wo sie war.

Genau das war der Plan.

Nach zwei Stunden verlangsamte sie ihr Tempo.

Ihr Körper schmerzte.

Jeder Schritt fühlte sich schwerer an, die Kälte war nun überall.

Sie spürte ihre Zehen kaum noch, ihre Finger waren steif.

Ihr Atem kam in schnellen, weißen Wölkchen.

Ein Baumstumpf.

Feucht, dreckig.

Aber es war ein Platz zum Sitzen.

Sie ließ sich darauf fallen.

Für einen Moment war alles still.

Dann vibrierte ihr Handy.

Sarah.

Jolie starrte auf das Display.

Dann auf die Liste der verpassten Anrufe.

Ihre Mutter.

Ihr Vater.

Noch mal Sarah.

Ihr Herz zog sich zusammen, doch sie drückte den Anruf weg.

Ein paar Sekunden später klingelte es wieder.

Sie biss sich auf die Lippe, drückte wieder weg.

Dann knackte etwas.

Ihr Kopf ruckte herum, ihr Herz begann zu rasen.

War da jemand?

Dann sah sie ihn.

Ein Fuchs.

Er stand ein paar Meter entfernt, sein Fell rötlich im schwächer werdenden Licht des Tages. Sein Blick war ruhig, aber wachsam.

Füchse hielten normalerweise Abstand zu Menschen.

Dass er sich näherte, konnte nur zwei Dinge bedeuten:

Entweder war er krank – oder er spürte, dass sie ihm nichts tun würde.

Jolie saß reglos da.

Ihr Atem ging schnell.

Ihr Verstand sagte ihr, dass sie sich langsam zurückziehen sollte, aber ihr Körper war wie festgefroren. Der Fuchs kam näher, Schritt für Schritt, bis er nur noch wenige Meter entfernt war.

Ihr Handy vibrierte wieder.

Sarah.

Jolie schluckte.

Vielleicht würde sie nicht mehr aufhören, anzurufen.

Vielleicht würde sie es so lange tun, bis ihre Eltern die Polizei riefen.

Vielleicht würde sie gefunden werden, obwohl sie das nicht wollte.

Mit zitternden Fingern nahm sie ab.

„Jolie?!" Sarahs Stimme klang panisch.

„Ich..." Jolies Stimme war kaum ein Flüstern.

„Wo bist du? Deine Eltern sind bei mir! Sie suchen dich überall!"

Jolie schwieg.

Ihr Blick war immer noch auf den Fuchs gerichtet.

„Bitte, sag mir irgendwas! Bitte! Ich hab Angst um dich!"

Jolie schloss die Augen.

Ihr Herz hämmerte.

Sie wusste nicht, was sie sagen sollte.

„Ich... ich kann nicht sagen, wo ich bin."

„Jolie, bitte hör auf mit dem Scheiß! Es ist Winter!
Du erfrierst da draußen!"

Sarahs Stimme brach fast.

Jolie schluckte schwer.

Sie spürte, wie Tränen in ihre Augen stiegen.

Sie wollte nur weg sein, aber jetzt, wo sie hier saß, wo der Wald dunkler wurde, wo die Kälte in ihr steckte wie ein Messer, wusste sie, dass sie nicht die ganze Nacht hier bleiben konnte.

Sie öffnete die Augen, sah, dass der Fuchs verschwunden war.

„Ich... ich glaube, ich gehe zurück."

„Ja! Bitte! Wo bist du?"

Jolie stand auf, ihre Beine zitterten.

Sie drehte sich in alle Richtungen, versuchte, sich zu orientieren.

„Ich weiß es nicht genau... aber ich glaube, da vorne ist ein Weg."

„Bitte bleib in der Nähe von Licht oder irgendwas, das man sehen kann! Bitte, Jolie!"

Jolie nickte, obwohl Sarah es nicht sehen konnte.

Langsam, Schritt für Schritt, lief sie los.

Ihre Beine fühlten sich an wie Blei, ihre Füße waren nass, ihr Körper durchgefroren.

Nach fast einer halben Stunde erreichte sie eine Lichtung.

Am Rand stand ein Gebäude.

Ein Altenheim.

„Sarah... ich bin bei einem Altenheim."

„Ja! Ich weiß, wo das ist! Ich sag es deinen Eltern! Bleib da!"

Jolie zitterte.

Sie konnte nicht mehr aufhören.

Fünfzehn Minuten später kamen ihre Eltern und Sarah angefahren.

Ihre Mutter rannte auf sie zu, Tränen strömten über ihr Gesicht.

„Oh mein Gott, Jolie!"

Sie umarmte sie so fest, dass Jolie kaum Luft bekam.

Ihr Vater stand nur da, schüttelte fassungslos den Kopf.

Sie waren alle ausgestiegen, und rauchten erst mal eine sie nannten es „Beruhigungs Zigarette!"

„Was hast du dir dabei gedacht?"

Seine Stimme war angespannt, brüchig.

Jolie wusste es nicht.

Sarah trat vor, nahm ihre eiskalten Hände in ihre warmen.

„Nie wieder, okay? Nie wieder."

Jolie konnte nichts sagen.

Ihre Schuhe waren mit Schlamm bedeckt, ihre Beine taub, ihr Körper fühlte sich fremd an.

Es dauerte Stunden, bis sie wieder warm wurde.

Es würde wohl noch viel länger dauern, bis ihr Herz es auch wurde.

Kein Weglaufen mehr

Es war 20:45 Uhr.

Jolie saß mit ihren Eltern und Sarah, die noch mit gekommen war, am Esstisch.

Niemand sprach anfangs.

Nur die Wanduhr tickte leise.

Ihre Mutter sah sie mit verweinten Augen an.

„Jolie... wir können so nicht weitermachen."

Jolie schluckte.

Sie hatte keine Kraft für Ausreden.

Kein Bedürfnis, sich zu rechtfertigen.

Sie wusste, dass sie ihnen heute beinahe das Herz gebrochen hätte.

„Ich weiß."

Ihre Stimme war leise, aber fest.

„Ich dachte, es wäre meine einzige Lösung... aber das ist es nicht. Es hat nichts geändert."

Ihr Vater atmete tief ein, rieb sich über das Gesicht.

„Jolie... du musst dir helfen lassen."

Jolie nickte.

„Ich sollte wieder in die Therapie gehen! Richtig dieses Mal."

Ihre Mutter schnappte leise nach Luft.

Ihr Vater sah sie überrascht an.

Dann nahm ihre Mutter ihre Hand.

Und diesmal ließ Jolie es zu.

Der Schritt zur Therapie

Also ging sie zum Hausarzt, holte sich eine Verordnung und fand schließlich eine Psychiaterin.

Die Diagnose war keine Überraschung, aber die Lösung klang diesmal anders: *Medikamente.*

Jolie sollte mit Tabletten eingestellt werden.

Es war ein schwerer Schritt für sie.

Sie hatte immer versucht, ohne auszukommen, sich selbst irgendwie zu regulieren.

Doch vielleicht war es an der Zeit, sich helfen zu lassen.

Vielleicht war es keine Schwäche, sondern einfach notwendig.

Nebenbei begann sie, wöchentlich ihre Psychologin für Einzelsitzungen zu besuchen.

Sie redeten über vieles - über ihren Werdegang, über Ängste, über Muster, die sich immer wiederholten.

Es war anstrengend, oft schmerzhaft, aber gleichzeitig spürte sie, dass sie sich damit endlich auseinandersetzte.

Antworten in den eigenen Zeilen

Parallel begann Jolie, ihre Gedanken aufzuschreiben.

Nicht für andere, sondern für sich selbst.

Sie schrieb über ihre Erlebnisse, ihre Ängste, ihre Hoffnungen.

Sie schrieb, um sich selbst zu verstehen.

Und während sie die Worte auf das Papier brachte, merkte sie, dass sie sich selbst wie von außen betrachten konnte.

Sie analysierte ihre eigenen Gedanken, suchte nach Mustern, nach Erklärungen.

Und manchmal fand sie in ihren eigenen Zeilen Antworten, die sie sonst nirgendwo gefunden hätte.

Es war ein langer Weg, das wusste sie.

Aber vielleicht war genau das der Anfang von etwas, das nicht mehr nur nach Flucht aussah, sondern nach wirklicher Veränderung.

Und das war es!

Monatelang beschäftigte sie sich nur mit sich selbst, Jolie stellte sich immer wieder die gleichen Fragen:

„Wo liegt der Ursprung meiner Angst?" oder *„Was will ich wirklich erreichen?"*

„Was kann ich machen um meine Träume zu verwirklichen ohne das mich meine Angst kontrolliert?"

Jolie schrieb - nicht nur ein bisschen, nicht nur für sich selbst.

Sie schrieb seitenweise.

Sie schrieb ihre Gedanken auf, ihre Emotionen, ihre Ängste und Hoffnungen.

Sie schrieb Übungen nieder, die ihr geholfen hatten, Methoden, die sie durch schwere Tage getragen hatten.

Und irgendwann - nach Monaten voller Selbstreflexion, nach Nächten, in denen sie sich durch ihre eigenen Worte fand - wusste sie genau, was ihr Ziel war: *Sie wollte Menschen helfen. Menschen, die genauso unter psychischen Erkrankungen litten wie sie - vielleicht schwächer, vielleicht stärker.*

Sie öffnete sich.

Das Mädchen, das immer in der zweiten Reihe stehen wollte, das nie zu laut sein, nie zu viel Aufmerksamkeit auf sich ziehen wollte - *Jolie setzte sich selbst in die erste Reihe.*

Dort, wo sie alle sehen konnten.

Dort, wo ihre Stimme endlich gehört wurde.

TikTok als Sprachrohr - eine Bewegung beginnt
Jolie begann, ihre Gedanken auf TikTok zu teilen.
Sie sprach über Themen, die zu lange im Dunkeln lagen:

Borderline, Angststörungen, Depressionen, Selbstfindung, Poesie.

Ihre Worte fanden ein Publikum.
Die Menschen hörten ihr zu - nicht nur, weil sie sprach,
sondern weil sie fühlte.
„Ich danke dir, dass du willst, dass man uns endlich hört! Ich
konnte mich mit deinen Texten so gut identifizieren!"
Solche Nachrichten erreichten sie täglich.
Menschen, die sich in ihren Worten wiederfanden, die sich
endlich verstanden fühlten.
Und das pushte Jolie noch mehr.
Sie wusste: Das tat sie nicht nur für sich selbst.
Auch wenn sie keinen Beruf als Psychologin oder Therapeutin
ausüben durfte - sie verfolgte ein viel größeres Ziel.
Sie wollte die Welt zum Zuhören bringen.
Sie wollte, dass psychische Erkrankungen endlich genauso
ernst genommen wurden wie körperliche.
Das erste Buch - „Im Sturm der Stille - Leben zwischen den
Atemzügen"
Jolie schrieb Nächte durch.
Wochen.
Monate.
Sie tauchte so tief in ihre Gedanken ein, dass es sich anfühlte,
als würde sie sich selbst auf einer noch nie dagewesenen Ebene
begegnen.

Worte flossen aus ihr heraus, als wären sie schon immer da gewesen, als hätten sie nur darauf gewartet, dass sie den Mut fand, sie auszusprechen.

Und dann, drei Monate nach ihrem 21. Geburtstag, hielt sie es in den Händen: *Ihr erstes Buch.*

‚Im Sturm der Stille - Leben zwischen den Atemzügen"

Es war mehr als ein Buch.

Es war eine Reise.

172 Seiten voller Leben.

Nicht nur ein Ratgeber für Betroffene, sondern eine Mischung aus tiefster persönlicher Erfahrung, Übungen zur Selbsthilfe, Zitaten, Geschichten und wissenschaftlichen Fakten.

Es war ehrlich, roh, ungefiltert.

Es hatte eine Trigger Warnung - aber es war echt.

Jolie war stolz auf sich. Sie hatte es getan.

Sie hatte den ersten Schritt gemacht.

Die Zukunft schreibt sich weiter, doch es war erst der Anfang.

Noch während ihr erstes Buch veröffentlicht wurde, hatte sie bereits vier weitere geplant.

Sie verlor sich im Lesen, im Schreiben, in den Welten, die sie erschuf.

Und plötzlich trug sie einen neuen Titel: *Autorin.*

Doch für sie war es mehr als das.

Es war ihre Art, die Welt zu verändern.

Wort für Wort.

Seite für Seite.

Und sie wusste - das war erst der Anfang.

Und das war ihre Geschichte...!

Mit 20 Jahren! Kam ihr erstes Buch als Ratgeber!

Mit 21 Jahren! Beendete sie ihr Buch „Schattenherz!"

Und ja die Geschichte von Jolie ist meine eigene!

Den sie war ich, und ich war sie!

Es ist mein Leben!

Mit all den Details... mit all dem Schmerz, dem Leid, dem Missbrauch, dem Mobbing!

Aber auch die schönen Zeiten, die Ich nie vergessen würde!

Schreiben wurde meine persönliche Heilung!

In ewiger Liebe an alle Leser,

Letizia JOLIE Nicola.

Schattenherz – Eine Geschichte von Heilung und Hoffnung

Es gibt Momente im Leben, in denen die Dunkelheit so allumfassend erscheint, dass man glaubt, nie wieder das Licht sehen zu können. Momente, in denen die Vergangenheit schwer auf den Schultern lastet, in denen Wunden nicht verheilen wollen und in denen das Echo alter Narben lauter schreit als jede tröstende Stimme.

Ich kenne diese Dunkelheit. Ich kenne die Schatten, die sich in die Seele graben, die Narben, die tief und dunkel sind, Narben, die nie verschwinden.

Doch heute kann ich etwas sagen, das ich mir vor langer Zeit nicht einmal hätte vorstellen können: *Es sind keine blutenden Wunden mehr.*

Ich war lange Zeit gefangen in einem Käfig aus Schmerz, aus Erinnerungen, die mich zu verschlingen drohten. Ich trug eine Maske, die die Welt zum Strahlen brachte, während mein Inneres in Finsternis gehüllt war. Ich lächelte, ich lachte, ich funktionierte – aber ich war nicht wirklich ich. Denn wer wollte schon die Wahrheit sehen? Wer wollte schon die Abgründe kennen, die mich begleiteten?

Und dann geschah etwas, das ich nicht erwartet hatte. Etwas, das leise begann, fast unscheinbar – ein Flüstern zwischen den Seiten meines Buches was ich schrieb und eine Hand, die sich mir entgegenstreckte, Stimmen, die mich erreichten, obwohl sie mich nicht kannten.

Die Menschen, die an mich glaubten – meine Familie, die mehr von mir sah, als ich ihnen zeigte.

Schattenherz - Eine Geschichte von Heilung und Hoffnung

Und dann wart ihr da - die Community, die Leser, die BookTok-Welt.

Ihr, die dieses Buch gelesen habt. Ihr, die mich nicht kanntet und doch an mich geglaubt habt. Ihr habt mein Herz gehalten, als es in tausend Scherben zerbrach, habt Licht in meine Schatten gebracht, ohne es zu wissen. Ihr wart der Grund, warum ich ein Stück heilen konnte. In dem ich Schrieb...

Meine Familie hat an mich geglaubt, selbst als sie nicht wusste, was mein Herz wirklich trug. Sie haben mich gehalten, ohne zu verstehen, wie tief der Abgrund war, in den ich sah. Und erst jetzt - mit Stolz, mit Liebe und mit Dankbarkeit - konnte ich die Maske fallen lassen.

Ich bin nicht perfekt. Aber vielleicht ist das genau das Schöne daran. Denn Perfektion ist eine Illusion, und wahre Schönheit liegt in den Narben, die wir tragen. Jeder von uns ist auf seine eigene Art besonders.

Jeder trägt seine Schatten, doch genau diese Schatten machen uns zu dem, was wir sind.

Heute bin ich eine neue Person mit einer anderen Vergangenheit. Nicht, weil ich vergessen habe, sondern weil ich die Wunden geschlossen habe. *Ich werde immer ein Schattenherz in mir tragen, doch das Licht findet seinen Weg zu mir - Stück für Stück.*

Und für diese Reise, für diese Heilung, für jedes Wort, das mich berührt hat - *bin ich euch allen in ewiger Dankbarkeit verbunden.*

Letizia

Zusatztext
zum Buch:
„Jolie"

Jolie...:

„Ich habe meine Geschichte aufgeschrieben, weil ich zu oft an dem Punkt war, an dem ich dachte, ich würde es nicht schaffen. Weil die Angst mich gefangen hielt, wie ein Schatten, der mir die Luft zum Atmen nahm. Ich habe mehr Nächte in Dunkelheit verbracht, als ich zählen kann, mehr Tränen vergossen, als Worte sie beschreiben könnten. Ich wollte gehen, so oft, stand ich vor dem Tot, dass meine eigenen Hände nicht ausreichen, um die Male abzuzählen.
Doch ich bin noch hier.
Ich bin noch hier, und ich schreibe. Wort für Wort, Zeile für Zeile, atme ich mich selbst ins Leben zurück. Und heute bin ich dankbar. Dankbar, dass ich mich selbst nie ganz verloren habe, auch wenn ich oft gestrauchelt bin. Dankbar, dass ich mich nicht von den Menschen zerstören ließ, die es versucht haben. Dankbar, dass ich immer wieder einen Weg zurück zu mir gefunden habe.
Und jetzt weiß ich, warum ich hier bin.
Warum ich all das überlebt habe. Es war nie umsonst. Ich schreibe für uns - für all die, die fühlen, was ich gefühlt habe. Für all die, die in der Dunkelheit stehen und glauben, dass niemand sie sieht. **Ich sehe euch.** Wir sind nicht allein. Und solange ich kann, werde ich dafür sorgen, dass die Welt uns hört."
In aller Liebe...
Letizia JOLIE Nicola

Zitat by *Letizia Jolie Nicola:*

„Sie schreibt nicht nur Geschichten - sie schreibt ihr eigenes Überleben. Jede Seite trägt die Last ihrer Vergangenheit, jedes Wort ist ein Flüstern der Narben, die sie gezeichnet haben. Doch anstatt unter der Schwere ihrer Erinnerungen zu zerbrechen, formt sie daraus Zeilen, die heilen. Sie legt ihre Wahrheit zwischen die Buchstaben, entblößt ihre Seele vor dem Papier, weil es der einzige Ort ist, an dem Schmerz zu Kunst wird. Und während die Welt ihre Geschichten liest, beginnt sie, sich selbst neu zu schreiben."

Wenn du dich nicht besonders fühlst, hör auf
Bob Marley:

"Wen kümmert Perfektion?
Selbst der Mond ist nicht perfekt, er ist voller
Krater.
Das Meer ist unglaublich schön, aber salzig
und dunkel in den Tiefen.
Der Himmel ist immer unendlich, aber oft
bewölkt. Also, alles was schön ist, ist nicht
perfekt, es ist besonders."

Ich hab euch alle lieb, gebt euch niemals auf!

Was ich euch nie gesagt habe:

„Ich bedaure, euch allen nicht oft genug gesagt zu haben was ich an euch allen schätze"

„Also tu ich es JETZT!"

Familie:

An Mama:

„Liebe Mama,
danke, dass du mich nie aufgegeben hast -
nicht in schwierigen Zeiten, nicht, wenn ich
selbst nicht mehr an mich geglaubt habe.
Du hast mich getragen, wenn ich nicht mehr
konnte, mir Kraft gegeben, wenn ich sie am
meisten brauchte, und mich immer so geliebt,
wie ich bin.
Ich weiß, dass es nicht immer leicht war, aber
du bist geblieben. Deine Geduld, deine Liebe
und dein unerschütterlicher Glaube an mich
haben mir mehr gegeben, als ich je in Worte
fassen kann. Ohne dich wäre ich nicht der
Mensch, der ich heute bin.
Danke, Mama, aus tiefstem Herzen. Ich liebe
dich."

Deine Letizia

An Papa:

„Lieber Papa,
danke, dass du immer an meiner Seite bist.
Dass ich mich auf dich verlassen kann, egal
was passiert. Du hast mir gezeigt, was es
bedeutet, stark zu sein - nicht nur nach
außen, sondern vor allem im Herzen.
Auch wenn ich es nicht immer gesagt habe,
ich habe es immer gespürt: Deine Liebe, deine
Geduld, deine Art, mich zu schützen und zu
unterstützen. Du hast mich geleitet, mir
Vertrauen geschenkt und mich immer wieder
ermutigt, meinen eigenen Weg zu gehen.
Auch wenn es mal unschöne Zeiten gab!
Ich bin unendlich dankbar, dass ich dich als
Vater habe. Danke für alles. Ich liebe dich."

Deine Letizia

An Oma:

„Liebe Oma,
danke, dass du immer nur das Beste für mich
wolltest - dass du mich mit so viel Liebe,
Geduld und Fürsorge begleitet hast. Du hast
mir so viel mitgegeben, nicht nur Worte,
sondern auch Werte, die mich durchs Leben
tragen.
Ich weiß, dass du dir oft Sorgen um mich
gemacht hast, weil du nur mein Glück
wolltest. Und genau das spüre ich jeden Tag -
wie sehr du mich liebst und immer für mich
da bist.
Ich bin unendlich dankbar, dich als meine
Oma zu haben. Danke für alles! Ich liebe dich."

Deine Letizia

An Opa:

„Lieber Opa,
du hast mir immer deine Stärke mitgeben
wollen, auch wenn ich manchmal nicht
wusste, wie ich sie halten soll. Doch heute
verstehe ich, was du mir zeigen wolltest -
dass Stärke nicht bedeutet, keine Schwächen
zu haben, sondern immer wieder
aufzustehen.
Ich weiß, dass es dir wichtig war und immer
noch ist, mich stark zu sehen. Und auch wenn
ich nicht immer alles richtig gemacht habe,
habe ich deine Worte und deinen Glauben an
mich immer gespürt.
Danke, dass du immer hinter mir stehst und
mir Kraft gibst. Ich schätze das mehr, als ich
es je sagen kann. Ich bin stolz, dich als meinen
Opa zu haben."

Deine Letizia

An *meine Godi*:

„Liebe Sabine,
danke, dass du mich immer sehen wolltest
- auch dann, wenn ich mich oft verschlossen
habe. Du hast nie aufgehört, für mich da zu
sein, selbst wenn ich es dir nicht immer leicht
gemacht habe. Das bedeutet mir mehr, als ich
es je sagen kann.
Ich hoffe, dass wir in der Zukunft noch viele
schöne Momente zusammen erleben werden.
Denn egal, was war, du warst und bist ein
wichtiger Mensch in meinem Leben.
Danke für alles! Ich freue mich auf die Zeit,
die noch vor uns liegt."

Deine Letizia

An meinen Pati:

„Lieber Andreas,
danke, dass du mir als Kind die Freude am
Leben zeigen wolltest. Deine Art, das Leben
zu genießen und mit Begeisterung zu leben,
hat mich immer inspiriert. Ich weiß, dass du
mir immer nur das Beste gewünscht hast.
Es tut mir leid, dass ich mich oft verschlossen
habe und dir nicht immer das gezeigt habe,
was du dir vielleicht erhofft hast.
Aber ich hoffe sehr, dass wir in der Zukunft
noch viele positive Momente miteinander
teilen können.
Ich bin dankbar für alles, und freue mich auf
die Zeit, die noch vor uns liegt."

Deine Letizia

An meinen Cousin:

„Lieber Justin,
ich habe dich immer dafür bewundert, mit welcher Leichtigkeit du durchs Leben gehst - oder zumindest mit der Ausstrahlung, die du zeigst. Ehrlich gesagt, habe ich dich seit ich denken kann immer mit am meisten bewundert, auch wenn ich es nie wirklich gesagt habe. Es gab so viele Momente, in denen ich mir gewünscht habe, mehr so zu sein wie du.
Trotzdem bin ich unendlich dankbar für jede Erinnerung, die wir teilen, und freue mich darauf, auch in der Zukunft gemeinsam noch viele Momente zu erleben.
Danke, dass du ein so toller Mensch bist, den ich immer an meiner Seite wissen darf."

Deine Letizia

An mich selbst:

„Liebes Ich,
es tut mir leid, was du alles erleiden musstest. Der Schmerz, die Tränen, all die Momente, in denen du dich selbst vergessen hast. Ich weiß, wie oft du mit dir Dinge hast machen lassen, die nicht annähernd deinem wahren Wert entsprochen haben. Es tut mir leid, dass du so lange geschwiegen hast, obwohl du so viel mehr zu sagen hattest.
Doch ich verspreche dir, dass das jetzt vorbei ist. Du bist so viel stärker, als du je geglaubt hast. Ich umarme mein inneres Kind, das an diesem Punkt weint und gleichzeitig voller Stolz zu mir nach außen blickt. Du bist es wert, gehört und geliebt zu werden - und das beginnt bei dir selbst.
Es ist Zeit, dir selbst die Liebe und Anerkennung zu schenken, die du dir so lange verwehrt hast. Ich bin stolz auf dich. Du bist genug.

In unendlicher Liebe,
Ich selbst!

An meine Familie:

„Zwischen all den Worten, die ich nie gesagt habe, liegen Welten aus Liebe und Dankbarkeit. Sie verstecken sich in Blicken, in stillen Gesten, in Momenten, die mehr bedeuten als Sprache je ausdrücken könnte. Und auch wenn meine Stimme oft schweigt, trägt mein Herz all das, was ihr immer hättet wissen sollen - dass ich euch liebe, dass ich euch danke, dass ohne euch kein Teil von mir ganz wäre."

in Liebe,
Letizia

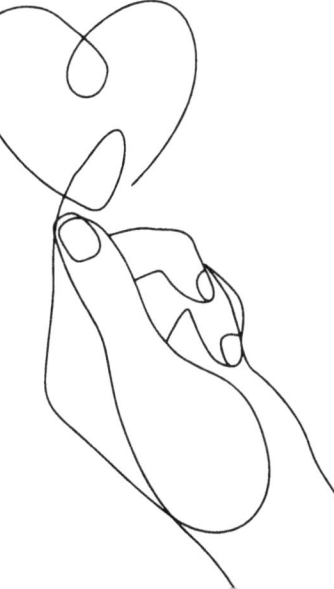

Ein weiteres Buch von L.J.N

„*Im Sturm der Stille –*
Leben zwischen den Atemzüge!"
by Letizia Jolie Nicola.
Es ist nicht nur ein Werk der Theorie oder eine Sammlung von Ratschlägen, es ist eine tief persönliche Reise, die die Leser nicht nur intellektuell, sondern auch emotional anspricht.
Da dieses Thema in der Gesellschaft zunimmt, und immer mehr Menschen betroffen sind, ist das Besondere an ihrem Buch die einzigartige Perspektive:

Jetzt probelesen ❯

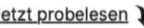

Im Sturm der Stille

Leben zwischen den Atemzügen!

Letizia Jolie Nicola

Es entspringt einer tiefen, persönlichen Erfahrung, die sie nicht nur dazu gebracht hat, sich mit psychologischen Konzepten auseinanderzusetzen, sondern diese hautnah zu erleben. Dadurch spricht sie nicht aus einer distanzierten wissenschaftlichen Sicht, sondern aus einer menschlichen, authentischen Position, die Menschen direkt in ihrem Innersten anspricht. Dieses Buch hat das Potenzial, Brücken zu schlagen – zwischen Autorin und Leserschaft, zwischen Herz und Verstand. Es ist eine Einladung, sich selbst auf einer neuen Ebene zu begegnen, getragen von einer Botschaft der Hoffnung, Authentizität und Verbundenheit. In einer Zeit, in der viele psychologische Werke oft theoretisch bleiben, gibt dieses Buch den Lesern die Möglichkeit, sich erkannt, verstanden und nicht allein zu fühlen.

Folge mir auch im Netz:

<u>Instagram</u>:
@letizia_jolie_

<u>TikTok</u>:
@letizia_jolie_

<u>YouTube</u>:
@letizia_jolie_

<u>Allgemeine Website</u>:
https://linkpop.com/letiziajolie

Ich will nicht nur eine Autorin sein, sondern eine Freundin, die Menschen hilft, die sich in meinen Zeilen wieder finden können! Eine Person die all den Menschen, die im Dunkeln stehen, Licht in dieser Welt schenken möchte

Kontaktiert mich gerne hier:

📧: *letizia.jolie@gmx.de*

Hier könnt ihr mir neben meinen TikTok, Instagram, YouTube Accounts schreiben!

Ich habe für euch immer ein offenes Ohr!🙏

„WAS DIR JETZT WEH TUT,
WIRD NICHT FÜR IMMER WEH TUN!"

In Liebe, an alle die das lesen!
Letizia🖤

Die Bilder im Buch, sind alle durch Hintergründe, Outfits usw.
KI generiert!
Der Charakter stammt aber von meiner eigenen Abbildung!
Die Bilder stehen nicht für das Alter sondern die Symbolische Sichtweise...
Die Sicht der Dunkelheit, Schmerz aber auch Liebe und Hoffnung!
Dazu kommt das manche Namen geändert wurden und nicht die Originalen
sind!